Les Réseaux sociaux d'entreprise

101 QUESTIONS

Collection : 101 Questions
Directeur de collection : Jean-Noël Chaintreuil
Sur un échange d'idées avec Jeremy Benmoussa
(fondateur de Locita.com)

Catalogage : Réseaux sociaux - Entreprise

Directrice éditoriale : Claire Gautier
Assistante éditoriale : Clara Nauche

Édition française 2011 : Les Éditions Diateino

ISBN : 978-2-35456-042-3

Retrouvez-nous sur :

http://www.diateino.com
http://facebook.com/diateino
http://twitter.com/Diateino

Anthony **Poncier**

Les Réseaux sociaux d'entreprise

101 QUESTIONS

diateino

Sommaire

Nouveaux outils, nouveaux usages à connaître

Les questions à se poser avant de lancer un RSE

Par où commencer ? Besoins et outils

Impacts organisationnels et managériaux

Déployer son RSE

Animer votre RSE

Aller plus loin

En guise d'entrée en matière

Préface

Les innovations technologiques naissent souvent au sein des entreprises avant de se retrouver, dans un deuxième temps, au domicile de chacun.

Dans les technologies de l'information en particulier, des produits et services comme l'ordinateur et le mail ont d'abord connu des usages professionnels avant de devenir des outils personnels.

Or, une révolution majeure est apparue depuis peu : la sphère privée tend à adopter plus vite les technologies et les codes de ses applications Web 2.0. L'essentiel de cette révolution n'est d'ailleurs pas technologique mais culturel.

L'explosion des réseaux sociaux, à l'évidence, est avant tout un phénomène sociologique qui bouscule les modes de consommation et plus largement les systèmes relationnels.

Ce phénomène était, jusqu'à récemment, l'affaire d'une génération dite Y, et finalement peu ou mal intégrée dans le monde professionnel. Or, cette génération Y, de plus en plus présente, ne supportera pas longtemps de ne pas retrouver au travail les technologies qui régissent son mode de vie extraprofessionnel.

Les bénéfices pour l'entreprise sont doubles :

- Une plus grande fluidité et efficacité dans le mode relationnel auprès des différentes parties prenantes, à commencer par les clients et les collaborateurs.

- L'opportunité d'attirer et de fidéliser les meilleurs talents, sensibles à cette continuité dans la gestion de leur vie personnelle et professionnelle.

101 questions se posent alors, d'ordre stratégique ou pratique, pour mettre en place ou développer les réseaux sociaux en entreprise...

Stéphane Roussel - 26 octobre 2011

Directeur des Ressources Humaines - Vivendi

1

Pourquoi ce livre ?

Les réseaux sociaux d'entreprise sont de plus en plus à la mode. Est-ce suffisant pour se lancer dans l'aventure ? Certainement pas. Comme pour tout projet, il y a des questions à se poser, des problématiques à résoudre, un ou plusieurs chemins à suivre.

Avec l'explosion de ce secteur, il y aura de plus en plus de cabinets de consultants sur ce créneau. De plus en plus de solutions qui vont, ou pas, répondre à vos besoins. De plus en plus de directions vont vous demander de gérer ce type de projet dans votre organisation, que ce soit pertinent ou pas. Car un réseau social d'entreprise n'est pas LA solution à toutes vos problématiques d'organisation. Quel que soit votre a priori sur le sujet, cet ouvrage a pour but de vous éclairer, en vous en proposant 101 réponses aux 101 questions qu'il convient de se poser.

Si vous pensez que la mise en réseau de vos collaborateurs est un vrai plus pour votre organisation mais que vos managers font la sourde oreille, car le changement les inquiète, vous trouverez dans ce livre les meilleurs arguments pour les convaincre de vous suivre dans cette aventure.

Plus simplement, si vous avez le sentiment que de nouvelles formes d'organisation peuvent être un plus pour votre entreprise et si vous souhaitez vous informer sur ce « phénomène » afin de juger s'il répond à votre besoin, ce livre vous permettra de comprendre les enjeux des RSE.

Le but de cet ouvrage est de vous aider à juger de la viabilité de votre projet, et de vous accompagner dans sa réalisation. Avec un système de questions-réponses concises et efficaces, cette boîte à outils guidera vos premiers pas dans le monde des réseaux sociaux d'entreprise. Ensuite... à vous de jouer !

On dit que les réseaux sociaux reposent sur la conversation : c'est le style qu'adoptera ce livre, une conversation entre vous et moi pour vous simplifier la vie, comme les réseaux sociaux d'entreprise. En espérant que cet ouvrage vous donne envie de conduire ce type de projet et vous facilite son appropriation et son exécution.

Bonne lecture.

2

Comment utiliser ce livre ?

Ce livre a été conçu pour être utilisé de différentes façons. Bien sûr, comme n'importe quel ouvrage, vous pouvez le lire en commençant par le début. Le déroulé se veut logique : nous commencerons par la maîtrise des notions de base sur la philosophie, les fonctionnalités et les usages liés au RSE. Viendront ensuite les questions pratiques, concernant votre « capacité » à vous lancer, ainsi que les problématiques à résoudre pour pouvoir mettre en place un réseau social : la sélection de l'outil en fonction de vos besoins et les transformations que cela peut générer, afin de préparer votre organisation en conséquence. Les dernières questions concernent la phase de déploiement du RSE et son animation au quotidien. À la fin du livre, les témoignages de **Frédéric Charles**[1], **Pascale Leclercq**[2] et **Jean-Marc Goachet**[3] vous permettront de bénéficier de points de vue

---

1 - *Frédéric Charles est* responsable de la stratégie et de la gouvernance à la direction des systèmes d'information de Lyonnaise des Eaux (Suez Environnement). Voir son témoignage p. 242.

2 - *Pascale Leclerq est* directrice de la planification stratégique et présidente de MM@cadémie. Voir son témoignage p. 246.

3 - *Jean-Marc Goachet est* membre du bureau de l'ARCES, animateur du RSE, en charge de la communication numérique et scientifique à MINES ParisTech (École des mines de Paris). Voir son témoignage p. 249.

différents sur le développement et l'utilisation des RSE.

Ce découpage thématique vous permettra d'utiliser cet ouvrage comme une véritable boîte à outils, d'aller à l'essentiel, et de trouver rapidement les réponses à vos questions sans devoir nécessairement le lire dans son intégralité.

Maîtriser les notions de base

3

Qu'est-ce que le Web 2.0 ?

L'expression « Web 2.0 », utilisée par Dale Dougherty[4] en 2003 et popularisée par Tim O'Reilly[5] dans son article « What Is Web 2.0[6] », était destinée à souligner une évolution du Web, comme pour un logiciel passant à une version supérieure. À l'époque du Web 1.0, les entreprises produisaient du contenu, et les internautes étaient de simples spectateurs, un peu comme pour la télévision. Avec le Web 2.0, les internautes ont pu devenir eux aussi producteurs de contenus et interagir les uns avec les autres, notamment grâce aux nouveaux outils, qui se sont simplifiés et démocratisés. Depuis, « 2.0 » est utilisé comme un terme générique applicable à d'autres domaines. On ne peut pas en donner une définition unique, mais on retrouve des caractéristiques communes dans les explications développées par Tim O'Reilly et Dale Dougherty, qui ont eux-mêmes préféré donner des exemples et produire une cartographie, devenue célèbre depuis, plutôt qu'une définition rigide.

4 - http://en.wikipedia.org/wiki/Dale_Dougherty.
5 - http://fr.wikipedia.org/wiki/Tim_O % 27Reilly.
6 - http://oreilly.com/pub/a/web2/archive/what-is-web-20.html ? page=1.

Autour de cette cartographie[7] vont apparaître les principes qui caractérisent le Web 2.0 :

- Le Web n'est plus une simple collection de sites Web, mais une véritable plate-forme de services et d'applications accessibles depuis tous les ordinateurs connectés.

- Les utilisateurs sont au centre, génèrent du contenu qui va pouvoir être repris et diffusé par tous (licence Creative Commons[8]), et participent activement à enrichir le Web.

- L'intelligence collective se développe grâce à l'effet réseau et aux différents outils qui sont mis à disposition des internautes.

- Les technologies évoluent avec des interfaces simples, interactives et légères, et ce de manière permanente (version bêta[9]).

7 - http://oreilly.com/pub/a/web2/archive/what-is-web-20.html ? page=1.

8 - http://fr.creativecommons.org/.

9 - Ces logiciels ne sont jamais totalement finis et les utilisateurs les font évoluer de manière continue en faisant remonter leurs remarques.

4

Que sont les médias sociaux ?

Les médias sociaux sont l'ensemble des technologies du Web 2.0 qui vont permettre la création, l'échange, l'enrichissement des contenus générés par les utilisateurs. Ces outils en ligne permettent à tout un chacun de créer de l'intelligence collective et de produire de manière collaborative. Ces outils incarnent à tel point le Web 2.0 que beaucoup d'entreprises, lorsqu'elles souhaitent mettre en place du collaboratif, parlent d'abord de ces outils, avant de parler de leurs besoins, mais nous y reviendrons plus tard. Il va être difficile de faire une liste exhaustive, aussi celle-ci ne retiendra que les principaux outils.

- **Les flux RSS** (Real Simple Syndication) sont un fil d'information que l'on peut lire à l'aide d'une application prévue à cet effet. Il permet de savoir quand une mise à jour est effectuée sur un média en diffusant son contenu.

- **Les blogs**, qui ont commencé à se développer au début des années 2000, sont un espace où l'on peut publier une suite d'articles de manière chronologique. Facilement mis en forme, ils permettent d'avoir un site Web personnel pour pouvoir s'exprimer. Ces publications sont classées afin de pouvoir être consultées de manière transversale et peuvent être commentées par les lecteurs.

• **Les wikis** permettent de créer une page Web de manière collective et sont donc le résultat d'une écriture collaborative. Chaque contributeur qui a des droits sur la page/document peut le faire évoluer, le corriger, le compléter. Chacun peut ainsi voir qui a effectué des modifications, quand et revenir sur une version antérieure.

• **Les réseaux sociaux** peuvent être professionnels ou plus personnels. Il s'agit le plus souvent d'un service permettant, au minimum, d'avoir un profil détaillé (à l'accès contrôlé) et de tisser des liens avec les autres. Avec le temps, les réseaux sociaux offrent de plus en plus de services, dépassant la simple fonctionnalité d'annuaire social et de mise en relation.

• **Les plates-formes de partage de contenus ou d'informations** permettent de poster des vidéos, des documents écrits, des photos, de la musique, des liens, tous types de contenus qui peuvent alors être commentés, et notés.

• **Le micro-blogging**, dernier né de la famille des médias sociaux, permet de produire des messages courts (140 caractères maximum) à caractère public ou privé pour ceux qui vont s'abonner à votre fil de messages. Cela peut sembler court et inutile mais c'est l'un des médias qui crée le plus de proximité en termes d'échange et de partage entre les internautes. Le service de micro-blogging le plus connu est Twitter.

5

Qu'est-ce qu'un réseau social ?

Les réseaux sociaux existent depuis qu'il y a des individus et des groupes, mais cette notion a été utilisée pour la première fois dans les années 1950 à l'école de Manchester[10], autour d'un projet d'urbanisation avec John A. Barnes. L'idée principale est que nous évoluons au sein de groupes, que chaque individu représente un nœud, et que les interactions entre ces individus produisent du lien. Ces nœuds et liens, qui se font, se défont et se multiplient, créent un réseau d'individus, qui est donc « social » et qui évolue en permanence. Par la suite, ce concept sera utilisé pour analyser de nombreuses problématiques en sciences sociales.

Wikipédia donne cette définition du réseau social : « Un réseau social est un ensemble d'identités sociales telles que des individus ou encore des organisations reliées entre elles par des liens créés lors des interactions sociales. Il se représente par une structure ou une forme dynamique d'un groupement social... Un réseau social représente une structure sociale dynamique

10 - École de pensée sur l'anthropologie fondée par Max Gluckman dans le cadre de l'institut Rhodes-Livingstone et dont les travaux sont principalement centrés sur l'Afrique centrale. Dans ce cadre, les travaux de Barnes se sont déroulés en Zambie.

se modélisant par des sommets. Les sommets désignent généralement des gens et/ou des organisations reliés entre eux par des interactions sociales[11]. »

Le centre du réseau social est donc avant tout l'individu et non le contenu, même si les interactions sont liées aux contenus que vont produire ces individus sur ces réseaux sociaux sur Internet : le contenu incluant aussi les conversations, la mise à jour du statut[12] ou du profil. Le premier « site social » sur Internet est apparu aux États-Unis en 1995 : il s'agit de Match.com, un site de rencontres.

Autour de ces réseaux sociaux, quelques théories ont vu le jour : tout d'abord l'idée du « petit monde », ou le fait que « chacun puisse être relié à n'importe quel autre individu par une courte chaîne de relations sociales[13] ». Cette idée a abouti au concept de « 6 degrés de séparation » et à la création du premier réseau social, en 1997 : 6degrees.com.

Un dernier concept, celui du nombre de Dunbar[14], développé en 1993, montre qu'un individu ne peut pas entretenir plus de 150 relations « réelles » avec ses proches, ce qui amène à s'interroger

---

11 - http://fr.wikipedia.org/wiki/R%C3%A9seau_social.

12 - Le statut sur un réseau social est l'espace dédié pour partager avec son réseau une information, une action, une pensée...

13 - http://fr.wikipedia.org/wiki/%C3%89tude_du_petit_monde.

14 - Dunbar R. : « Theory of the mind and the evolution language », dans Hutford, Studdert-Kennedy and Knight, *Approach to the Evolution of Language*, p. 92-110, Cambridge, Cambridge University Press.

sur la pertinence du nombre « d'amis » ou de contacts que chacun a sur les réseaux sociaux. Cela conduit tout naturellement à la notion de liens faibles (amis de nos amis) et liens forts (famille et amis). Mais ce qu'il faut retenir, c'est que vos liens faibles sont tout aussi importants, voire plus importants dans le cadre d'un réseau social, qui est celui de la mise en relation.

6

Qu'est-ce qu'un réseau social personnel ou grand public ?

Les réseaux sociaux personnels ou grand public s'adressent au plus grand nombre et en particulier aux individus. Ils vous permettent de garder le contact avec vos « connaissances » et d'échanger avec elles. Vous allez pouvoir mettre en avant ce que vous êtes en train de faire, parler de vos goûts, de vos opinions, vous dévoiler autant que vous le souhaitez. Vous allez également pouvoir partager des photos, des vidéos, et d'autres types de contenus. Le plus connu et le plus important de ces réseaux sociaux grand public est Facebook.

Au regard de ce que vous partagez, la question de la vie privée et de la protection des données personnelles est primordiale sur ce type de site et donne régulièrement lieu à des passes d'armes entre les défenseurs du respect de la vie privée et les entreprises commerciales qui gèrent ce type de plates-formes. Cette question s'oppose au « graal » des réseaux sociaux, le graphe social. Mark Zuckerberg, le fondateur de Facebook, explique que le graphe social représente l'ensemble des relations de toutes les personnes dans le monde. Le cartographier permet donc de voir quelles sont nos relations et leur degré de proximité, quels types de relations nous entretenons avec elles...

Cette question va plus loin que les réseaux sociaux puisqu'elle vise à enregistrer chacune de nos traces numériques. Chacun tente donc de maîtriser ce graphe social à des fins commerciales. Il s'agit de pouvoir fournir à l'internaute quand il navigue sur Internet des résultats ou des informations en fonction de ce fameux graphe. Ceux-ci doivent correspondre au mieux à nos besoins, doivent être les plus pertinents possibles. À la clé, bien entendu, des messages publicitaires ciblés, des annonces contextualisées, des recommandations personnalisées.

Pour ces raisons, les entreprises sont de plus en plus présentes sur les réseaux sociaux à caractère personnel ou grand public, les rendant de moins en moins personnels et de plus en plus commerciaux.

7

Qu'est-ce qu'un réseau social professionnel ?

Un réseau social professionnel s'adresse lui aussi à un large public mais plutôt dans un cadre professionnel. Les deux éditeurs les plus connus en France sont LinkedIn et Viadeo. Les principaux services qu'offrent ces plates-formes visent à favoriser l'accroissement de sa notoriété professionnelle à travers les informations communiquées sur son profil : nom, poste actuel, texte de présentation, descriptif de son parcours professionnel, de ses études et de ses centres d'intérêts. Véritables CV en ligne, ces réseaux sociaux professionnels permettent également aux internautes de se recommander entre eux.

Plus qu'une simple CVthèque, un réseau social professionnel vous permet de développer un réseau de contacts, professionnels ou estudiantins, de trouver des informations sur l'entreprise qui vous intéresse, un contact interne pour vous aider dans votre recrutement ou votre action commerciale vers une organisation... Vous allez pouvoir agréger des contenus externes, comme les publications de votre blog, et ainsi démontrer votre expertise, adhérer à des groupes thématiques où vous allez pouvoir échanger, relayer de l'information, vous faire connaître, et comme le promettent ces éditeurs, trouver des opportunités professionnelles et vous faire « chasser ». Le système de messagerie privée vous permettra de passer d'une relation collective et publique à un dialogue individuel et privilégié.

De par leur caractère professionnel, ces réseaux sociaux s'adressent aux entreprises qui vont pouvoir trouver des clients, des partenaires, des fournisseurs et, plus largement, des experts avec qui elles vont pouvoir entrer en contact, sous la forme d'une mission, d'une offre d'emploi temporaire ou d'un recrutement en CDI.

Enfin, les réseaux sociaux professionnels permettent de monter des groupes publics, privés ou secrets. On trouve de plus en plus de groupes liés à une seule et même entreprise. Les salariés, ne trouvant pas les outils de réseaux sociaux en interne pour travailler efficacement et de manière collaborative, ont recours à ces outils externes. Bien souvent, leur propre société l'ignore ou n'a pas de politique officielle sur ce sujet. Or, si ces réseaux professionnels ont des fonctionnalités répondant aux besoins, la circulation d'informations de l'entreprise sur ces réseaux sans que celle-ci en soit informée soulève un problème.

L'arrivée de Google+ et de ses applications en ligne de type « réseau social d'entreprise » va continuer de brouiller les cartes entre réseau social « grand public », « professionnel » et « réseau social d'entreprise ». La notion d'accès restreint à un périmètre défini pour le réseau social d'entreprise pourrait être remise en question.

8

Qu'est-ce qu'une communauté ?

Une communauté peut être de droit naturel, comme la cellule familiale ou sociétale, avec un lien contractuel. D'après le *Dictionnaire de sociologie* Le Robert, « la communauté est l'ensemble social dont les membres partagent des valeurs et se reconnaissent des liens forts d'appartenance de chacun à chacun avec le tout communautaire. Ces communautés ont donc un but commun et un lieu, virtuel ou réel, où se réunir ». Pour résumer, une communauté est un groupe d'individus qui partagent les mêmes valeurs et qui en ont conscience, donnant une raison d'être à ce regroupement et renforçant les liens des membres entre eux. Cette prise de conscience permet de revendiquer une identité commune fonctionnant autour de règles ou de rites et s'appuyant sur un espace défini (frontières) et un langage commun. Un regroupement d'individus ne suffit pas à en faire une communauté.

Au sein d'une entreprise, on retrouve trois grands types de communautés classées selon les publics auxquels elles s'adressent :

- (B2B[15]) : communauté de membres de l'entreprise élargie à ses fournisseurs et partenaires.

15 - Business to Business.

- (B2C[16]) : communauté de clients d'une même entreprise qui vont devenir les ambassadeurs de la marque.

- (B2E[17]) : communauté regroupant l'ensemble ou une partie des collaborateurs de l'entreprise. Ces communautés transversales ou de métiers visent à faire travailler de manière collaborative les employés d'une même organisation.

Le concept de communauté en ligne va donc reposer sur ces composantes sociale et technologique, la deuxième composante n'étant pas secondaire car l'adhésion à ces outils, outre l'aspect ergonomique, repose sur l'usage qui va en être fait.

Que ce soit au niveau social ou technologique, ces communautés sont des organismes « vivants » qui évoluent dans le temps et se transforment en permanence, avec un cycle de vie qui croît puis décroît avant de connaître une phase de stabilisation. De même, ses membres vont connaître un cycle allant souvent d'un investissement croissant à un investissement décroissant. Si les membres se renouvellent, la communauté fonctionne, cela n'est donc pas problématique.

16 - Business to Customer.

17 - Business to Employee.

9

Adapter le Web au monde de l'entreprise

Le Web 2.0 est issu du grand public et gagne petit à petit le monde de l'entreprise. Le monde du Web n'étant pas celui de l'entreprise, il va devoir adapter ses logiques et trouver sa place dans les processus de l'entreprise, au risque de bousculer ses habitudes. Il ne s'agit pas ici de remettre en cause la logique de l'entreprise, mais de permettre à la culture des collaborateurs et donc de l'organisation d'évoluer vers les dynamiques qui font le succès du Web 2.0.

Tout d'abord il faut développer et favoriser une logique collaborative au sein de l'organisation. Dans les grandes entreprises, comme sur le Web, les gens ne se connaissent pas. Il s'agit donc de les rassembler autour de problématiques communes et de les amener à partager et faire circuler l'information, idéalement dans l'ensemble de l'organisation, via le réseau social.

Cette culture collaborative va permettre de développer un sentiment communautaire en même temps qu'une confiance renforcée, base de toute collaboration. En apprenant à se connaître, les collaborateurs vont pouvoir se regrouper au sein de communautés pour travailler ensemble sur différents projets et partager leur savoir et leur expertise.

Il va falloir ensuite aller plus loin pour entrer dans une logique de partage. Dans ce cadre, l'information qui circule sur le réseau social de l'entreprise n'est pas réservée à une personne, son producteur, ou à un petit groupe, mais va être partagée avec l'ensemble de la structure afin que chacun y ait accès et l'enrichisse. Cela sous-entend bien sûr que cette information ne soit pas confidentielle (elle représente généralement moins de 1 % des informations qui circulent au sein d'une organisation).

Pour que cette information puisse circuler simplement, elle doit être transversale et donc dépasser le système des silos de l'entreprise (cloisonnement des différentes entités), mais être aussi descendante et ascendante, c'est-à-dire remettre en question le fonctionnement de l'entreprise de la fin du XXe siècle. Elle s'oppose au système pyramidal qui ne fait que gérer une information descendante, en remontant aussi en sens inverse. L'information circule dans les deux sens. Durant son parcours, elle suscite des discussions, des échanges, qui la complètent et l'enrichissent.

On ne parle donc pas uniquement d'outils, mais d'état d'esprit amenant les collaborateurs à travailler non plus de manière individuelle, mais bien dans un esprit collectif au sein de l'entreprise. Ce qui sous-entend aussi de dépasser les compétitions internes et de faire confiance à ses pairs, ses supérieurs et ses subordonnés.

10

Qu'est-ce que l'entreprise 2.0 ?

Le terme entreprise 2.0 a été inventé par Andrew McAfee[18] en 2006. Pour lui, « l'entreprise 2.0, c'est l'utilisation de plates-formes de logiciels sociaux de type émergent à l'intérieur des entreprises, ou entre les entreprises et leurs partenaires ou clients ». Cette définition est particulièrement orientée vers les outils. Sans revenir sur cette définition de départ[19], ni même sur celles qui ont rapidement suivi[20], abordons plutôt les trois dimensions qui composent l'entreprise 2.0 et font d'elle une entreprise globale.

Réseaux sociaux internes ou travail collaboratif

Cette dimension repose sur la mise en réseau de l'entreprise, visant à faire travailler ses membres de manière collaborative. Il ne s'agit pas d'une expérience pilote sans importance mais bien de la colonne vertébrale de l'entreprise, autour de laquelle va s'organiser son fonctionnement.

---

18 - http://andrewmcafee.org/blog/.

19 - Search, Links, Authoring, Tags, Extensions, Signals (Slates).

20 - Freeform, Links, Authorship, Tagging, Network oriented, Extensions, Search, Social, Emergence, Signals (Flatnesses).

Le community management externe

Bien que l'entreprise 2.0 supprime la frontière entre « interne » et « externe », cette précision indique le lien entre l'entreprise et les parties prenantes extérieures, comme les clients ou les partenaires, qui vont interagir et collaborer : une stratégie gagnante pour tout le monde. L'entreprise gère un espace où elle peut fixer ses propres règles et gérer sa communauté (il ne s'agit donc pas d'une page Facebook), dont vont être le plus souvent issus ses ambassadeurs/avocats.

Engagement sur les médias sociaux

L'entreprise ne vit pas en autarcie, elle est connectée au reste du monde, notamment via les médias sociaux. Une veille attentive sur Internet permet de savoir ce que l'on dit sur l'entreprise et de réagir et interagir pour la faire connaître, trouver des clients, de nouvelles idées, répondre aux détracteurs…

11

Culture et outils

Nathan Wallace défend sur son blog l'idée de maturité culturelle et technique[21]. Les différents outils sont apparus et ont permis de promouvoir des activités de plus en plus ouvertes et collaboratives.

Si l'arrivée des premiers ordinateurs a eu tendance à isoler les employés dans leur travail, celle de l'e-mail a développé et favorisé leurs échanges, internes et externes, restant néanmoins sous contrôle de l'entreprise.

Aujourd'hui, de nouveaux venus modifient à leur tour les comportements :

- **Les groupwares (ou collecticiels)** : ce sont des logiciels permettant à leurs utilisateurs de partager des contenus (tâches, calendriers, etc.) pour favoriser et simplifier le travail collectif.

- **Les wikis** : un espace est partagé, mais il permet aussi une publication de groupe avec des propriétés partagées.

- **Les blogs** : on en revient à une publication individuelle, mais accessible et ouverte aux

21 - http://www.e-gineer.com/v2/blog/2007/12/building-enterprise-20-on-culture-10.htm.

commentaires de tous. Chacun peut y accéder librement et l'enrichir publiquement.

- **Le réseau social** : il va permettre à chacun de communiquer avec l'ensemble des collaborateurs de l'entreprise de manière transparente et décentralisée au sein d'un espace ouvert (c'est-à-dire en dehors d'une communauté fermée). Toute l'entreprise peut publier, commenter et participer aux débats.

L'entreprise, ses membres et leurs façons de travailler évoluent au rythme des nouvelles technologies, qui favorisent de plus en plus le collaboratif.

12

Qu'est-ce qu'un réseau social d'entreprise (RSE) ?

Après cet examen des différentes définitions autour des notions de réseau social et de réseau collaboratif, abordons à présent la question cruciale des réseaux sociaux d'entreprise. À l'opposé des deux autres types de réseaux étudiés, ils s'adressent aux parties prenantes de votre entreprise : collaborateurs, partenaires, fournisseurs, revendeurs et clients... Ses cibles sont bien définies et son accès est géré intégralement par l'entreprise. Ces deux paramètres garantissent la protection et la confidentialité des données de ses utilisateurs. Son usage est tourné vers les activités de l'entreprise et ses processus business.

La mise en place d'un réseau social d'entreprise va permettre d'améliorer le fonctionnement de l'entreprise grâce à un développement des interactions entre les membres du réseau. Les réseaux sociaux d'entreprise sont centrés sur la conversation de manière transversale, ascendante ou descendante, entre ses membres, les différenciant ainsi des intranets traditionnels, orientés vers une communication descendante.

Grâce aux des profils enrichis (dépassant largement les informations que l'on trouve dans les annuaires d'entreprise), les collaborateurs vont pouvoir développer leur identité numérique, promouvoir leur image au sein de l'entreprise et découvrir d'autres membres ayant des intérêts communs, comme sur un réseau social professionnel ou personnel.

Le RSE conduit à une certaine transparence des activités de chacun (lectures, conversations, mise en ligne de documents) et peut permettre l'identification d'expertises ou de sujets partagés qui n'apparaissaient pas sur son profil. Cela peut se faire de manière dynamique par un système de tag[22] en lien avec l'activité ou via la fonction de recherche du réseau.

C'est l'ensemble de ces données qui vont permettre de développer l'interactivité et l'interconnexion des membres du réseau social de l'entreprise, et de donner les moyens à chaque collaborateur de développer son capital social.

22 - Un tag est une étiquette décrivant un contenu.

13

Différences entre réseau social et communauté

Les notions de réseau social d'entreprise et de communauté sont souvent confondues, ce qui est assez logique dans la mesure où tous les outils de réseaux sociaux permettent la création de communautés.

Bien souvent, au sein des entreprises, il existe déjà des communautés, qu'elles soient en ligne ou non. Les communautés peuvent exister sans le réseau social, au sein d'espaces qui accueillent leurs membres et où se trouvent différents outils collaboratifs, mais « l'effet réseau » est donc absent et ne permet pas aux différentes personnes de mieux se connaître en dehors de leur communauté et même éventuellement de fonder une nouvelle communauté en lien avec un intérêt partagé. Ces communautés sont cloisonnées et reproduisent parfois les silos de l'entreprise, empêchant ainsi la circulation de l'information dans l'ensemble de l'organisation.

Dans la mesure où le réseau social a la particularité d'abolir ces barrières, on comprend donc bien qu'il s'agit de deux notions différentes.

14

Où est passée la génération Y ?

Quand on parle de 2.0, de collaboratif, on évoque souvent la génération Y, ces *digitals natives* qui sont nés avec un ordinateur entre les mains. En France, l'expression « génération Y », inventée en 1993 par le magazine *Advertising Age*, désigne les personnes nées entre 1978 et 1994, après la génération X (1965-1977), environ 13 millions de personnes, soit près de 21 % de la population française. Il s'agit de la génération la plus importante depuis celle du baby-boom, et elle sera donc, dans quelques années, la plus nombreuse au sein de l'entreprise.

Les Y sont culturellement plus tournés vers le collaboratif, un fonctionnement en réseau, un esprit communautaire. Dans le cadre de l'élaboration d'un RSE, ils sont évidemment considérés comme la pierre angulaire du projet. Habitués à travailler en réseau, adeptes des médias sociaux, cette génération va permettre à l'entreprise 2.0 de prendre son essor.

Pourtant, quand je considère l'âge des principaux « évangélistes » de l'entreprise 2.0, ou les promoteurs du travail collaboratif et de l'usage des médias sociaux que je rencontre en entreprise, ce sont majoritairement des X. Les Y sont-ils vraiment ces messies tant attendus du 2.0 ? Une étude de l'institut Forrester[23] montre que c'est la génération X qui pousse à l'adoption de ces usages et des technologies attenantes, car grâce à la reconnaissance qu'elle peut avoir en interne, son influence et sa capacité de persuasion va être plus grande. Il faut admettre qu'au regard de son âge et de son expérience, la génération Y n'a pas encore assez de poids dans les entreprises pour pouvoir provoquer de tels changements. Mais si elle n'est pas un moteur pour le moment, elle sera tout au moins un relais important dans votre démarche de mise en place de RSE. De plus, il est démontré que les collaborateurs de la génération X contribuent tout autant que leurs homologues Y aux médias sociaux (réseau, forum, blog, wiki) de l'entreprise. Mais au-delà des X ou Y, plus qu'une question de génération, c'est la question d'ouverture d'esprit et de curiosité qui fait la différence.

23 - http://www.readwriteweb.com/enterprise/ 2009/09/forget-gen-y-gen-x-is-making-r.php.

Nouveaux outils, nouveaux usages à connaître

15

Les blogs en entreprise

Les RSE sont issus du Web 2.0 et des médias sociaux qui le composent, au même titre que le blog, souvent utilisé comme outil en interne : il a en effet longtemps été l'outil du Web 2.0 le plus connu et le plus simple à utiliser. Si vous savez envoyer un mail, vous savez publier un billet sur un blog.

Le blog est proche d'une logique de communication descendante, même s'il contient une part de conversationnel à travers le principe de commentaire. Dans ce cadre, chacun va pouvoir créer un blog pour communiquer directement avec les autres collaborateurs de son entreprise. Grâce au principe du RSS, il sera tenu au courant des mises à jour de ce dernier.

Ainsi comme on peut le voir dans certains groupes, le P-DG va avoir son blog personnel afin de pouvoir échanger directement avec ses employés. Il peut ainsi adopter un ton moins formel, aborder des problèmes qui lui tiennent à cœur et avoir un retour directement. Cela a l'avantage (sauf si le blog est tenu par un service de communication, ce qui finit toujours par se savoir rapidement) de le rapprocher de ses collaborateurs et ce de manière transparente. Dans le même ordre d'idées, chaque collaborateur va pouvoir ouvrir son blog pour aborder un sujet qui le passionne, démontrer une expertise et ainsi la faire connaître et l'enrichir au contact de ses collègues... comme sur le Web grand public.

Mais si le blog peut être utilisé de manière individuelle, il peut aussi se concevoir de manière collective au sein d'une communauté. Le community manager va pouvoir mettre en valeur un sujet ou synthétiser une réflexion et mettre en avant le résultat des échanges à travers le blog de la communauté. Le blog peut ainsi être utilisé dans une logique de capitalisation de connaissances pendant un projet. L'ensemble des échanges, des documents (en attachement), références (par un lien vers ces derniers), commentaires seront accessibles dans un même endroit. Tout membre de l'équipe aura à portée de main l'ensemble des pièces du projet classées de façon chronologique (archives) et thématique (tags). De même, un nouveau venu sur le projet pourra retracer ces échanges et utiliser la mémoire du projet. Les billets et commentaires étant signés, il pourra contacter directement la bonne personne s'il a besoin d'une précision supplémentaire.

Bien ordonnée, une « ferme de blogs » devient un véritable intranet de l'organisation, qui va alléger les boîtes mails de vos collaborateurs (sans les remplacer) et éviter une perte ou une mauvaise diffusion de l'information.

16

Les wikis en entreprise et dans les RSE

Rendu célèbre par Wikipédia[24], la célèbre encyclopédie collaborative en ligne, le wiki est largement présent dans les entreprises et sert même de base à certaines solutions de RSE. Cependant, il faut tout de même noter que dans la majorité des cas, les fonctionnalités sont assez basiques et loin d'être aussi puissantes que dans une véritable solution dédiée au wiki. Inversement, certaines solutions de wiki se présentent à tort comme des solutions de RSE, car elles ne permettent pas de faire jouer l'effet réseau et de mettre en place des conversations.

Le wiki permet de travailler à plusieurs sur un document de manière asynchrone. Chacun peut donc modifier le document et en proposer une nouvelle version (il va même parfois bloquer le document pour éviter le chevauchement de versions, si plusieurs collaborateurs se connectent en même temps pour le modifier).

Il possède également de nombreuses autres fonctionnalités présentes dans certains RSE, notamment ceux à base de wikis. Ainsi la production ne sera pas uniquement asynchrone, mais permettra

24 - http://fr.wikipedia.org/wiki/Wikip % C3 % A9dia : Accueil_principal.

un travail synchrone en version Web, en temps réel, ce qui est d'autant plus intéressant pour un travail collectif visant à faire évoluer un document en réunion à distance. Il offre aussi la possibilité de tracer les différentes versions du document et de savoir qui a effectué la modification et à quel moment (*versioning*). Certains vont même aller plus loin et surligner les différences entre les différentes versions, permettant une relecture plus rapide des modifications entre celles-ci. La tendance actuelle est de rendre ces wikis de plus en plus performants afin de devenir plus qu'une simple fonctionnalité du RSE, mais bien un véritable outil de travail.

17

Information et temps réel avec les RSE

« Statut », « mur d'activité », « chat[25] » : ces trois fonctionnalités permettent d'échanger en temps réel, même si le chat repose sur du synchrone et non de l'asynchrone comme les deux autres. Or la rapidité d'échange d'information est devenue un élément stratégique.

Ainsi, le chat, qui fut longtemps considéré par les entreprises et leurs employés comme un outil secondaire, est aujourd'hui réclamé par les collaborateurs. Plus direct que le mail, moins intrusif que le téléphone, il permet aux utilisateurs d'avoir une réponse rapide à une question, d'échanger à plusieurs autour d'un thème en temps réel (ce que certains, ceux qui n'ont pas de chat, font via le micro-blogging). Grâce à l'indicateur de présence, il est par exemple possible de savoir si la personne est connectée et si elle est disponible pour répondre à mon attente. De plus, certains chats permettent d'archiver les conversations, ce qui permet de capitaliser et de revenir dessus facilement en cas de besoin, contrairement à un coup de téléphone ou une conférence téléphonique à plusieurs.

---

25 - Le chat ou messagerie instantanée permet de dialoguer entre deux ordinateurs en temps réel, contrairement au mail.

Dans ce cadre, de plus en plus de solutions proposent d'intégrer une solution de micro-blogging et de chat à leurs fonctionnalités. Certaines entreprises ont même installé une solution de micro-blogging en interne et l'utilisent comme système d'alerte, pour accroître la réactivité en cas de problème. Au-delà de l'alerte, c'est aussi un moyen de se tenir informé de l'avancée d'une tâche ou d'un processus.

Par ailleurs, l'abondance d'informations, saturant les entreprises, a conduit de nombreux collaborateurs à ne pas s'abonner à des communautés thématiques qui sont en dehors de leur champ métier, même si le sujet les intéresse. Suivre l'expert de cette thématique va permettre de récupérer les informations les plus pertinentes, sans pour autant devoir suivre l'ensemble des conversations.

Enfin, ces outils permettent de développer les interactions entre les membres de l'entreprise et leurs contacts, en humanisant les relations et renforçant la confiance, base de futures collaborations. Dans la circulation de l'information, ils permettent une vue d'ensemble de l'activité de l'entreprise.

18

Le flux d'activité ou le mur, tableau de bord du RSE

Le mur reprend le flux d'activité des membres de son réseau. Tableau de bord personnel du réseau social de votre entreprise, il vous permet d'embrasser simplement l'ensemble des activités auxquelles vous êtes lié, et pour certains RSE d'interagir directement sans devoir vous rendre dans l'espace où a eu lieu l'activité remontée.

La particularité de ce mur est qu'il vous permet de voir l'activité qui vous concerne. Selon les droits d'accès de chacun, les personnes qu'il suit ou pas, chaque utilisateur va avoir une vision différente de l'activité du réseau social de l'entreprise. C'est l'ensemble de ces activités qui remontent sur ce mur/tableau de bord : publication d'une conversation, mise à jour d'un statut, mise en ligne d'un document, modification d'un profil, adhésion à une communauté... le tout classé de manière antéchronologique, mais parfois aussi thématique, afin de connaître l'origine mais aussi la date de production de cette information dans le temps.

Là encore, certaines solutions vont permettre de customiser la mise en scène, en sélectionnant les flux à afficher : l'activité de son réseau, l'activité de ses communautés... Mais certains vont même plus loin, permettant de mettre en page intégralement un tableau de bord personnel pour recevoir l'ensemble des flux sélectionnés et les ordonner sur une page d'accueil : article le plus commenté, derniers inscrits, derniers sondages... De même, au-delà d'un tableau de bord général, chaque communauté possède son propre mur qui ne mentionne que ses nouveautés, classées de la même façon.

Dans certains cas, des flux externes vont être agrégés sur le mur d'activité du réseau ou celui de la communauté. Par exemple, dans le cadre d'une communauté de veille, l'outil de veille, correctement paramétré et connecté au RSE, va transmettre les différents flux au sein de chaque communauté dont la thématique correspond à cette veille. Ainsi les analystes pourront directement échanger et travailler sur les informations sans avoir besoin de se connecter à un autre outil pour aller les chercher.

19

Et la sécurité alors ?

Lorsque l'on aborde la question des RSE, une des premières inquiétudes exprimées porte sur la sécurité et les risques qu'implique l'ouverture du réseau à des personnes inconnues et extérieures, comme sur un réseau grand public, et non sur le fait que le réseau social soit éventuellement hébergé à l'extérieur. Bien souvent, les membres de l'entreprise s'imaginent que, tout comme on peut s'inscrire librement sur Facebook ou Twitter, tout le monde pourra s'inscrire au RSE. Or, par définition, l'accès à un RSE est restreint. C'est vous qui décidez qui peut y avoir accès ou pas. Votre réseau social, quelles que soient ses fonctionnalités, est privatif, on ne peut pas y accéder par accident. Mais privatif ne veut pas dire réservé à vos collaborateurs. Comme on l'a vu, il y a des communautés B2B avec vos fournisseurs, B2C avec vos clients, mais c'est vous qui fixez les règles d'accessibilité au réseau et au sein du réseau.

Une fois cette première inquiétude dépassée, on en vient à la deuxième crainte, celle qui concerne la sécurité, l'information étant susceptible de circuler n'importe où et de finir chez vos concurrents. Ces interrogations étaient les mêmes lorsque le mail a fait son apparition au sein des entreprises. Deux possibilités : la première, il s'agit un acte malveillant, qui n'a pas besoin de RSE pour être accompli. Téléphone, clé USB, mail... les moyens sont multiples pour transférer des informations vers la concurrence. Ce n'est donc pas une question d'outils, mais bien de droit d'accès et de confiance. De plus, sur de nombreux RSE, il est possible de voir qui s'est connecté, de connaître l'auteur d'un contenu, dans quel espace/groupe/communauté cela a été déposé, ce que ne permet pas la communication par mail. Basé sur un système de transparence, ces informations sont visibles par tous, afin de faciliter le dialogue. Seconde possibilité : un collaborateur fait une erreur. A priori, les risques sont moindres qu'avec un mail, puisque le réseau est réservé aux inscrits, contrairement au mail qui peut être adressé à n'importe qui. De plus, une fois envoyé, il n'est pas possible de revenir dessus, contrairement à un contenu qui peut être retiré de l'espace où il ne devrait pas être. Il s'agit donc de bien expliquer aux collaborateurs le système des communautés ou groupes avec les droits d'accès qui y sont liés. Cela repose avant tout sur la formation et l'information, comme pour un exercice d'alerte incendie, et si cela ne suffit pas, il est possible d'ajouter une sécurité, en associant des droits aux documents eux-mêmes.

20

RSE et mail

Le discours dominant actuel consiste à expliquer qu'avec le RSE, le mail va disparaître. Néanmoins, de nombreux adeptes des RSE demeurent dubitatifs sur le sujet. Le mail reste encore un moyen de communication largement utilisé dans les entreprises. Malheureusement, il est souvent mal utilisé, ou utilisé à mauvais escient.

L'une des promesses des RSE est de faire diminuer le nombre d'e-mails dans les boîtes de réception, cette diminution pouvant aller jusqu'à 30 % selon certains. Sur un court terme, votre boîte mail va enfler car le mail est, par défaut, le principal système d'alerte pour des nouveautés ou des actions sélectionnées sur votre RSE, même si certaines solutions proposent d'autres moyens d'alerte. En attendant d'être familiarisé avec le réseau social, d'avoir pris l'habitude d'y aller régulièrement et de le laisser accessible toute la journée pour voir les nouveautés, il est déconseillé de décocher l'alerte par mail (même si certaines plates-formes permettent aussi de faire un choix de synthèse quotidienne ou hebdomadaire), car si vous n'êtes pas joignable, vos collaborateurs ne prendront pas l'habitude de s'y connecter. À l'inverse, si l'habitude n'est pas prise rapidement, le nombre de mails va croître de façon exponentielle, contrairement à la diminution promise par le RSE.

Au-delà des questions d'interaction mail/RSE, le réseau social d'entreprise peut remplacer avantageusement certaines actions menées habituellement par mail, à commencer tout simplement par le suivi d'une conversation. Mener à plusieurs des conversations par mail peut rapidement devenir compliqué, surtout si elles sont longues ou si l'on arrive en cours de route. Si la discussion doit aboutir à une conclusion, la consolidation va également être très compliquée.

Grâce au RSE, il est plus facile de suivre et de participer à une conversation car elle est centralisée dans un seul espace et classée chronologiquement dans une interface adaptée. Enfin, la discussion permet d'agréger dans le fil l'ensemble des ressources qui y sont liées : documents, liens, etc.

Mais surtout, de plus en plus de solutions font le lien entre le logiciel mail et le RSE. Par exemple, en cliquant sur un message de la boîte mail, la fiche profil de la personne qui a écrit apparaît. De même, les conversations via mail sont rattachées au RSE.

21

RSE et intranet

Depuis plusieurs années, les intranets sont dominants au sein des grandes entreprises. Ils sont de natures multiples (par filiale, métier, direction, géographie...) et certaines entreprises possèdent plusieurs dizaines d'intranets, voire plus. Leur point commun est d'être l'outil principal de communication interne dans une logique de publication descendante. Ils sont aussi parfois le point d'accès des applications métiers, ce qui permet d'augmenter de manière très importante les chiffres de fréquentation de l'intranet. Outre le côté pratique, cela permet aussi de justifier l'investissement et la réussite du projet.

À quoi doit servir l'intranet, à quoi doit servir le RSE ? L'objectif de l'intranet est d'offrir des contenus et des services adaptés à l'utilisateur, celui du RSE de mettre en réseau l'organisation et de rendre l'information plus facilement accessible aux collaborateurs.

Certaines entreprises reconnaissent avoir monté un RSE, pour faire à terme disparaître l'intranet. Quand c'est la direction de la communication interne qui a pris cette initiative, cela surprend, car c'est elle qui sera le plus impactée par ce changement. D'une information purement descendante, dirigée par la communication interne, on se dirige vers une conversation transversale et aussi ascendante, ce qui change radicalement le concept de communication interne. À l'inverse, il y a des messages de la direction sur le réseau social qui ne sont pas destinés à être discutés. Par conséquent, certains collaborateurs considèrent que leur place n'est pas sur le réseau social mais sur l'intranet. Généralement, ils ne considèrent pas que la communication managériale doive disparaître, mais estiment juste qu'elle doit être publiée sur l'intranet plutôt que sur le RSE.

C'est surtout la culture de l'entreprise ou la vétusté de l'intranet qui va influencer le choix de coordonner les deux outils ou de faire disparaître l'intranet au profit du RSE. Certains éditeurs d'intranet proposent aussi d'y ajouter une « brique sociale ». Mais il ne faut pas penser qu'une solution intranet est un RSE parce que l'éditeur la vend comme telle, sous prétexte qu'il y a un forum intégré et que cela permet les conversations. De fait, par rapport à un intranet traditionnel, un RSE permet de mettre en avant l'identité numérique et d'interagir. Les lecteurs identifient la personne qui publie et peuvent échanger avec elle, ce qui permet d'enrichir l'information en tant que telle et d'identifier les centres d'intérêt et les profils des lecteurs. Cela conduit à une plus grande transparence de part et d'autre.

Pour synthétiser, le RSE est dans une logique de flux (circulation de l'information) et l'intranet dans une logique de stock (classement de fichiers).

22

Un intranet 2.0 ?

L'Intranet 2.0 n'est pas un cap à franchir,
mais plutôt une vision idéaliste
dont on se rapproche
en procédant par évolutions successives[26].

Frédéric Cavazza

Certains parlent d'intranet 2.0 plutôt que de RSE, mais les deux termes sont-ils synonymes ? Ajouter un système de commentaires à un intranet ne suffit pas à en faire un objet social. Permettre une communication ascendante n'est pas suffisant. De même, « 2.0 » ne se résume pas à l'intégration des outils 2.0 comme ceux dont nous avons parlé (flux RSS, wiki, blog...). Un RSE répond à une logique et n'est pas juste un agrégat d'outils issus du Web 2.0. En réalité, bien souvent, des responsables intranet inquiets de la montée en puissance des RSE vont s'efforcer de rendre plus sociales certaines fonctionnalités propres à l'intranet. Puisque le fondement de l'intranet est la diffusion de l'information, c'est bien ce processus qu'il faut socialiser dans un premier temps. Cela signifie que l'on puisse partager avec ses contacts une information (idéalement interne ou externe)

26 - http://www.entreprise20.fr/2011/03/03/definition-et-usages-de-lintranet-2-0/.

éventuellement enrichie et complétée, et avec laquelle chacun va pouvoir interagir (commenter, noter, partager à son tour). Finalement, il s'agit d'un outil pour un curator[27]. Et, si on pousse la logique jusqu'au bout, cela veut dire que l'on ait le moyen de personnaliser sa page intranet d'accueil tout en conservant la lisibilité de l'information corporate descendante.

Si l'on possède un intranet 2.0, il y a peu de raison de mettre en place un RSE en plus, cet intranet devant permettre de créer une identité numérique, de socialiser l'identité des collaborateurs et de proposer un lieu de collaboration à travers l'existence de communautés. Comme le dit Bertrand Duperrin, « ne pensez pas solution, mais service[28] ». Quand on voit tout ce qui doit être socialisé, on a vraiment l'impression de définir un nouvel outil à part entière. Selon Arnaud Rayrole, il existe « deux finalités complémentaires, mais difficilement conciliables dans un seul outil » et « si l'appellation intranet 2.0 est une évidence lexicale, sa concrétisation n'en est pas une[29]. »

Est-il plus simple de socialiser votre intranet ou de prendre un nouvel outil ? Rappelons que « mettre du 2.0 » dans un outil n'est pas suffisant pour rendre les gens collaboratifs. Il faut revoir

---

27 - Terme à la mode depuis le début de l'année 2011 désignant une personne qui agrège de l'information, s'approprie le contenu qu'il analyse et qu'il traite pour mieux le retransmettre de manière pertinente aux autres collaborateurs.

28 - http://www.duperrin.com/2011/01/28/quest-ce-quun-intranet-social-ou-un-intranet-2-0/.

29 - http://pro.01net.com/editorial/534462/lintranet-2-0-nexiste-pas/.

les processus de l'entreprise et accompagner les collaborateurs dans cette direction pour permettre à une organisation d'être collaborative et de tendre vers l'entreprise 2.0.

Les questions à se poser avant de lancer un RSE

23

Pourquoi mettre en place un RSE aujourd'hui ?

Nous sommes dans un monde où l'information a de plus en plus d'importance, comme l'explique Peter Drucker. Dans un monde où le temps réel est de plus en plus prégnant, la plus importante contribution du management est d'accroître la productivité du travailleur du savoir comme cela a été le cas pour le travailleur manuel, et de donner les moyens à l'organisation de fluidifier la circulation de l'information. Les organisations doivent devenir agiles et réactives pour faire face aux mutations du marché. Posséder la bonne information au bon moment permet ainsi d'éclairer une décision stratégique, de donner les moyens aux collaborateurs de réagir et surtout d'agir de manière autonome[30].

La mise en place de procédures collaboratives et d'un RSE participe à cette transformation.

Les générations évoluent aussi au sein de votre entreprise. Avec les babyboomers[31], la culture d'entreprise était plutôt hiérarchique, avec un rapport fort aux procédures. Elle a évolué avec la génération X[32], plus tournée vers les compétences

30 - On considère que 80 % de l'information utile se trouve dans l'entreprise ; il faut juste arriver à la trouver.

31 - Génération née entre 1946 et 1964.

32 - Génération née entre 1965 et 1977.

et les équipes pluridisciplinaires. Aujourd'hui, avec la génération Y[33], qui travaille davantage à l'horizontal et de manière collaborative, l'entreprise va continuer à évoluer sous des influences externes ; il ne faut pas surestimer le rôle de la génération Y. Avoir les outils qui répondent aux attentes de ces générations est de plus en plus important, et il semble difficile de défendre une informatique vieillissante face aux outils Internet de la vie courante.

Aussi, lorsque toute une génération part à la retraite, l'entreprise perd avec elle une grande partie de son capital social. Ces collaborateurs ont une connaissance du métier, des processus, une culture interne, avec un mélange de savoirs informels non négligeables, qu'il va s'agir de capitaliser avant qu'ils ne disparaissent définitivement de l'organisation. On parle souvent de l'effet machine à café[34] : le RSE va pouvoir participer à cette capitalisation générationnelle.

Il existe encore une foule de bonnes raisons pour mettre en place un RSE, davantage liées au contexte de l'entreprise. En voici une dernière : beaucoup d'organisations, sous l'effet de la crise, se transforment, ou cherchent de nouveaux modèles. Il faut profiter de cette opportunité pour sortir des sentiers battus et faire évoluer l'organisation et ses processus.

33 - Génération née entre 1978 et 2000.

34 - 50 % de l'information utile en entreprise passe par la machine à café. http://www.entreprisecollaborative.com/index.php/fr/articles/178-bavardages-collaboration-performances.

24

Les raisons qui poussent les entreprises à mettre en place un RSE

Signe que de plus en plus d'entreprises installent un RSE, l'augmentation du nombre de cabinets de conseils qui se mettent sur ce créneau et l'explosion du chiffre d'affaires des éditeurs de solutions de RSE. En décembre 2010, le cabinet IDC prévoyait que ce secteur allait connaître une croissance annuelle de 38 % jusqu'en 2014[35]. Au-delà de l'effet de mode, il y a un certain nombre de raisons qui poussent les entreprises à s'y mettre.

Une enquête du 2.0 Adoption Council[36] auprès de ses adhérents[37] propose des explications. La première raison mise en avant est la volonté de connecter ses collaborateurs de manière transversale (92 %). Séparés géographiquement ou organisationnellement, les employés travaillent de manière isolée en silo, sans savoir ce que font leurs collègues. Amener les gens à se connaître et permettre à l'information de circuler est la principale raison invoquée.

Trouver rapidement la bonne personne pour avoir la bonne information est important. Faciliter

35 - Étude IDC- 2 décembre 2010.

36 - http://council.dachisgroup.com/.

37 - Entreprises du monde entier de plus de 10 000 collaborateurs ayant mis en place un RSE.

l'accès aux experts (88 %) est la seconde raison invoquée. On revient ainsi sur l'identité numérique (activité et profil) de ces experts, via le réseau social de l'entreprise, qui est donc un facilitateur dans le cadre de cette recherche.

L'accroissement de la productivité est la raison mise en avant par 81 % des sondés, ce qui est logique s'agissant du monde de l'entreprise.

Bien entendu, la gestion et la capitalisation des connaissances n'est pas en reste (78 %). Depuis 2007, certains parlent même de « KM 2.0 », qu'ils définissent comme « un modèle qui place l'intelligence collective au centre et promeut ses usages en accélérant la distribution de l'information[38] ».

Favoriser l'innovation est encore une raison (78 %) mise en avant par les entreprises, ce qui semble aussi logique, dans la mesure où l'on permet une circulation plus rapide de l'information, un accès aux experts et une meilleure gestion des connaissances, bases du développement de l'intelligence collective.

Il existe d'autres raisons comme la réduction de la duplication des efforts et des doublons[39] de contenus, le renforcement de la cohésion sociale : en effet, les RSE renforcent le lien social et diminuent le sentiment d'isolement. Un des premiers effets positifs mesurés a démontré que les pratiques collaboratives diminuaient le *turn-over* des employés au sein des entreprises.

---

38 - Cité par Christophe Deschamps dans *Le Nouveau Management de l'information*, FYP éditions.

39 - Une étude de KPMG montre que 60 % des livrables existants dans une entreprise sont dupliqués par ignorance.

La meilleure connaissance de son entourage et la confiance grandissante ont réduit l'envie des collaborateurs de quitter leur entreprise et leurs collègues, avec qui ils ont créé des liens.

25

Êtes-vous prêt à mettre en place un RSE ?

Des défis à surmonter, des obstacles à dépasser : voilà une petite check-list pour vous aider à y voir clair. Si tous les points de cette liste sont positifs, il vous sera difficile de mettre en place un RSE. Mais armez-vous de patience : certains verrous finiront par sauter et votre tâche sera plus simple.

- Votre entreprise n'est pas prête au changement, et ce projet n'est pas soutenu par le top management. Sans soutien et volonté de changement, la transformation de votre entreprise en entreprise 2.0 va échouer. Au mieux, un projet-pilote verra le jour, avant d'être oublié dans un coin.

- Une pyramide qui n'est pas prête à s'aplatir : vous êtes dans une entreprise ou la moindre action doit être soumise au chef de service, qui doit la faire valider par son directeur, qui attend l'aval du co-directeur... Si la production d'un texte pour le site Internet doit passer par six étapes de validation avant de pouvoir être mis en ligne, il est évident que la mise à jour du site ne sera jamais réalisée. Il en va de même pour un projet de RSE !

- Un management de contrôle : adeptes du micro-management, vos managers sont là pour surveiller les équipes et s'approprier leurs travaux. Le management étant primordial dans la mise en place du travail collaboratif, il reste du chemin à parcourir.

• Manque d'*empowerment*[40] : la hiérarchie a habitué les collaborateurs à obéir au doigt et à l'œil sans qu'ils puissent faire preuve d'initiative ou émettre des propositions. Les collaborateurs sont quelque peu uniformisés et « stérilisés ». Cela va être dur d'obtenir quelque chose d'eux.

• Chacun pour soi : chaque directeur est évalué sur ses résultats, et l'enveloppe des bonus n'étant pas sans fond, il ne peut y avoir plusieurs gagnants. Par conséquent, toute forme de travail collaboratif est une perte pour sa direction et ses équipes, renforçant ainsi l'effet de silo à travers une compétition féroce en interne.

• La DSI[41] est obnubilée par la sécurité et le contrôle. Impossible de parler d'outils collaboratifs, on ne peut rien installer derrière le *firewall* : collaboratif = risques. Si en plus chaque direction a sa propre DSI, une plateforme commune à l'ensemble de l'entreprise semble quasi impossible. Il reste les solutions SaaS[42], mais la DSI pourrait ne pas apprécier d'être ainsi contournée.

40 - C'est la capacité à développer son autonomie et à se prendre en charge.
41 - Direction des services d'information.
42 - http://fr.wikipedia.org/wiki/Logiciel_en_tant_que_service.

26

Le ROI[43] : est-ce la bonne question ?

Concernant le retour sur investissement (ROI), deux écoles s'affrontent. Il y a ceux qui pensent que par définition un investissement doit se mesurer et ceux qui pensent qu'il n'est pas besoin de justifier cet investissement. Cela veut-il dire pour autant qu'on ne peut pas démontrer la valeur ajoutée d'un tel dispositif ? Cisco a réussi à calculer que le ROI dans son investissement dans les solutions collaboratives est de 900 %, mais tout le monde peut-il en dire autant ?

La question du ROI se pose toujours, dès qu'il s'agit de solution informatique. Mais dans le cadre d'un réseau social d'entreprise, il s'agit d'une véritable transformation de processus et de la résolution d'un certain nombre de problématiques qui ne peuvent se limiter à une équation mathématique. Ce n'est donc pas l'outil en tant que tel qu'il faut mesurer mais bien la valeur ajoutée qu'il apporte à un processus existant, au nouveau mode opératoire qu'il permet.

La question de la réduction du *turn-over* a été abordée à la question 24[44]. Il faut donc mesurer le coût du *turn-over* et les bénéfices obtenus grâce

43 - Retour sur investissement, soit le gain par rapport à l'investissement initial.

44 - Voir p. 66.

à sa réduction par le biais du collaboratif. Si je peux démontrer que j'ai pu réaliser un projet plus rapidement avec une qualité supérieure, alors la valeur ajoutée du collaboratif se retrouve dans les gains générés.

C'est justement pour mesurer la valeur d'un processus que des outils de *Balanced scorecard* ont été inventés. Si un processus permet de trouver une information plus rapidement, comme le démontre une étude McKinsey de 2011[45], le gain de temps généré par chaque collaborateur permettra à tous de s'atteler à une autre tâche, un effet « longue traîne[46] » en lien avec le nombre de collaborateurs, qui va apporter une valeur ajoutée importante pour l'entreprise.

Cependant, il ne faut pas se limiter à ce qui peut être mesuré. Comme l'explique John Hayes, le directeur marketing d'American Express, « on a tendance à surestimer ce qui peut être évalué et sous-estimer ce qui ne peut l'être ». Et dans l'étude du 2.0 Adoption Council citée précédemment, 82 % des entreprises n'ont pas pu calculer un ROI, mais sont convaincues de la valeur ajoutée d'un tel dispositif et comptent le renforcer dans les années à venir.

Ainsi, la question du ROI du RSE n'est peut-être pas la bonne question à se poser. Il convient plu-

---

45 - *The Rise of the Networked Enterprise : Web 2.0 Finds its Payday.*

46 - De petits gains mais dont le nombre extrêmement important produit une valeur ajoutée importante. Voir : http://fr.wikipedia.org/wiki/Longue_traîne.

tôt, comme souvent en entreprise, de s'interroger sur la façon dont le RSE répond ou non à des objectifs clairement identifiés.

27

Pourquoi avoir un sponsor ?

Avec l'apparition de ces projets de RSE, comme pour la question du ROI, deux écoles se sont affrontées. La première école soutient que les collaborateurs peuvent se passer du management : ce sont eux qui collaborent et les usages remettant en partie en question la pyramide des pouvoirs dans l'organisation, le soutien hiérarchique est secondaire. La seconde école considère que pour tout projet d'entreprise, les collaborateurs doivent avoir le soutien du management, c'est-à-dire des moyens mis à disposition par la direction pour le faire aboutir.

C'est à la croisée de ces deux pensées que se trouve la réponse. On ne peut pas faire l'économie d'un sponsor pour un projet de RSE, à moins de rester au niveau de l'expérimentation ou de le limiter à un service. Si l'expérimentation peut « passer sous le radar », et si c'est une réussite, pour son développement, elle devra tout de même passer sous les Fourches Caudines de la direction pour pouvoir se déployer plus largement. Quant au sponsor, il ne s'agit pas de limiter son rôle à un accord ou à un soutien théorique, mais bien d'obtenir son implication active.

Pour reprendre l'idée de la première école, ce sont bien les collaborateurs de la base qui font vivre le réseau social de votre entreprise. Le sponsor doit donc donner un minimum de moyens pour les encourager, voire pour les soutenir. Comme l'expliquent souvent ceux qui interviennent sur ces problématiques, « le réseau social de l'entreprise naît par le haut, mais il vit par le bas[47] ». Et l'un ne va pas sans l'autre.

Le sponsor va d'abord apporter un soutien financier qui permettra d'acquérir le RSE correspondant aux besoins de l'entreprise. Des solutions gratuites existent et peuvent « dépanner », mais pour un essai, guère plus. Ensuite, par l'intermédiaire d'une lettre de mission adressée au management, le sponsor va permettre aux collaborateurs qui souhaitent participer à l'aventure d'obtenir l'autorisation d'y consacrer du temps, sans avoir à affronter leur n +1, susceptible de s'y opposer (ce qu'il peut toujours faire, mais l'intervention du sponsor complique un peu les choses). Enfin, il va pouvoir montrer l'exemple en s'investissant dans ce projet, même de manière symbolique, en encourageant ceux qui y contribuent et en incitant les réfractaires à participer un minimum pour ne pas déplaire à leur hiérarchie.

Enfin, comme dans tout projet novateur, les détracteurs, qui se sentent menacés, ne vont pas manquer une occasion de l'attaquer. S'il est convaincu, bien sûr, que le RSE fera ses preuves, le sponsor défendra ce projet, et son soutien sera très important. Dans une entreprise, la réussite ne suffit pas, la politique a aussi sa place...

47 - Bertrand Duperrin : http://goo.gl/Ofui1.

28

Quels sont les gains d'un RSE pour l'organisation ?

Si on ne peut pas calculer un ROI, on doit pouvoir comprendre ce qu'apporte un RSE : une nouvelle organisation. La transformation de l'entreprise en organisation collaborative contribue à lui permettre d'atteindre ses objectifs : exécuter mieux et à moindre coût la stratégie et les processus mis en place.

Dans un premier temps, travailler de manière collaborative et faciliter la circulation de l'information va permettre un meilleur partage des connaissances et par conséquent un accroissement de leur capitalisation. Ainsi, les liens sociaux faibles vont se renforcer pour permettre à l'organisation d'avancer vers une démarche d'intelligence collective, propice à l'innovation. Les conversations, en particulier avec les clients et prospects, vont favoriser le partage des idées et les retours d'expériences utilisateurs, ce qui va nécessairement améliorer le fonctionnement de l'entreprise, un peu sur le principe de la fameuse boîte à idées, qui devient interactive, ce qui permet de démultiplier son efficacité, chacun pouvant enrichir les propositions des autres.

Cette amélioration va engendrer un accroissement de la performance individuelle, chaque collaborateur apprenant de ses pairs, évitant d'être sclérosé dans des processus inefficients. Ainsi, grâce à un développement conjoint des performances collectives et individuelles, des problèmes plus complexes vont pouvoir être résolus, et l'entreprise va pouvoir innover de manière collaborative. De nouveaux produits et services pourront être créés, d'autant plus si les parties prenantes externes (clients, prospects, revendeurs, partenaires...) s'investissent et si les salariés répondent à leurs attentes.

Ce mode de fonctionnement va donc permettre un travail de meilleure qualité et une amélioration des profits. Une enquête du cabinet McKinsey démontre les gains générés par cette démarche[48] :

- Accès plus rapide à l'information : 77 %.
- Réduction des coûts de communication : 60 %.
- Accès aux experts internes : 52 %.
- Réduction du « *time to market* » : 29 %.
- Accroissement de l'innovation : 28 %.
- Accroissement des revenus : 18 %.

Le dernier effet induit d'un RSE est la plus grande implication des collaborateurs, ce qui est très impactant dans la performance d'une entreprise. Cette circulation de l'information a trois conséquences positives :

48 - http://www.mckinseyquarterly.com/Organization/The_rise_of_the_networked_enterprise_Web_20_finds_its_payday_2716.

- Permettre à chacun de comprendre à quoi il contribue ;
- Permettre à chacun de contribuer à l'élaboration de solutions ;
- Permettre la prise d'initiative, et son corollaire, le droit à l'erreur.

Il faut veiller à développer une vision partagée. On est à l'opposé d'une division des tâches issue du taylorisme où chacun réalise une action « sans queue ni tête » et déconnectée des buts de l'entreprise. Pour pouvoir s'investir, chaque collaborateur doit comprendre ce qu'on attend de lui, mais pour cela, il a besoin de :

- Faire partie de quelque chose de motivant (vision) ;
- Donner du sens à son engagement (projet) ;
- Développer un sentiment d'appartenance (communauté) ;
- Savoir que son travail est reconnu (impact).

Ces quatre points sont l'essence du travail collaboratif dans l'entreprise.

29

Quels sont les avantages pour les collaborateurs ?

En cette période où la confiance en son entreprise est mise à mal, chaque collaborateur se concentre d'abord sur ce qu'il peut gagner à court terme. Expliquer qu'un projet de RSE sera un vrai plus ne suffira pas à enthousiasmer les foules. Les collaborateurs ont été trop souvent les grands perdants des transformations internes pour soutenir aveuglement un projet, sous prétexte que leur entreprise va y gagner quelque chose. Mais eux, qu'ont-ils à y gagner ? C'est par l'exemple et la démonstration rapide des gains apportés par le RSE que vous pourrez les convaincre.

Le sentiment d'isolement, notamment au sein du management, est important. Or le renforcement des liens sociaux va permettre de réduire cette solitude. Renforcer la cohésion d'équipe et le sentiment d'appartenance est essentiel dans une organisation. L'accès simplifié à l'information et à la connaissance de l'autre va permettre à chacun d'intégrer facilement un projet ou, pour un nouvel arrivant, une équipe. Bien souvent, rejoindre une nouvelle équipe ou une organisation est déstabilisant et peut conduire, simplement par manque de connaissances ou de contacts, à commettre des erreurs. Ces obstacles et pertes de temps vont disparaître grâce au RSE.

Au lieu de reproduire des contenus existants ou des erreurs déjà commises, les collaborateurs vont pouvoir résoudre des problèmes avec l'appui des membres de leur réseau. Ces différents facteurs vont en partie diminuer la pression générée par l'organisation.

Enfin, à travers une identité numérique, le collaborateur va pouvoir développer son réseau personnel et son e-réputation au sein de son entreprise. La possibilité de renforcer la reconnaissance de son travail par un système plus transparent constitue un avantage considérable pour la carrière de chacun.

30

Faut-il un ou plusieurs RSE dans l'entreprise ?

Faut-il un RSE unique ou faire cohabiter plusieurs RSE ? Bien sûr, la question ne se pose pas si l'entreprise n'a aucune solution de RSE installée en interne. Dans ce cas, autant ne pas reproduire l'effet silos et privilégier une seule et unique solution. Il faut avoir une vision à court et moyen terme, afin de tenir compte de l'évolution de la maturité sur ces processus collaboratifs, et des besoins qui vont en découler. Cela est plus difficile sur le long terme, vu l'évolution rapide de ces technologies, mais aussi des organisations en général.

L'entreprise ne va pas changer de solution tous les deux ans : il faut donc établir une liste des besoins de l'ensemble des collaborateurs, afin que personne ne soit lésé.

Beaucoup de grandes entreprises ont mené plusieurs expérimentations, et font aujourd'hui cohabiter différentes solutions de RSE (parfois la même solution, mais sur des instances[49] différentes). Les fermer au profit d'une solution unique ne serait pas forcément la solution. En effet, si les collaborateurs ont investi de leur temps et que l'expérimentation est un succès, il sera difficile

49 - La même solution installée plusieurs fois et fonctionnant en silos les unes vis-à-vis des autres.

de les convaincre qu'une nouvelle solution sera plus avantageuse. De plus, cela impliquerait qu'ils s'habituent à une nouvelle interface (même si on retrouve des processus identiques, qui gagnent en maturité), ce qui n'est pas toujours évident, surtout si leur solution est plus ergonomique que la nouvelle. En outre, récupérer l'ensemble des données est laborieux, qu'il s'agisse de données non structurées, comme les conversations, ou même de documents, à l'évidence plus structurés. Chaque solution ne fonctionnant pas sur les mêmes bases, il va être difficile de réinjecter les données dans le nouveau réseau social, et cela a un coût.

Par conséquent, il faut mesurer le temps et l'investissement que nécessite l'adhésion au nouvel outil avant d'en faire le choix. Si l'entreprise décide de garder plusieurs RSE, il va falloir démultiplier les questions de maintenance, trouver le moyen de casser les silos entre ces différents espaces (un moteur de recherche global peut être une solution, mais ce n'est pas suffisant), sinon tout l'avantage du réseau est perdu.

Mais si on n'opte pas pour la solution unique, que doit-on faire lorsque de nouveaux besoins apparaissent ? Monter un nouveau réseau avec une nouvelle solution ? Il n'y a pas de réponse toute faite à cette question : cela nécessite un audit de l'existant (solutions, usages, populations...) afin de déterminer la stratégie qui répondra le mieux aux besoins, sachant qu'aucune réponse ne sera pleinement satisfaisante.

31

Big bang ou pilote ?

Comme on l'a vu, animer et dynamiser des communautés n'est pas un exercice facile. Le plus souvent, les pilotes sont préférés à un big bang, plus difficile à gérer. En cas de big bang, comment disposer des ressources nécessaires pour répondre aux demandes de l'ensemble des collaborateurs ? Les ressources support auront du mal à absorber la charge. Comment prendre le temps de décider de l'ouverture des différentes communautés en fonction de leur utilité et éviter les redondances ou les fausses bonnes idées, si le comité de gouvernance est débordé par les demandes ?

De fait, les entreprises qui ont décidé d'ouvrir leur RSE d'un coup à l'ensemble des collaborateurs ont su malgré tout étaler la charge. Dans certains cas, sans en passer par une communication trop importante, elles ont simplement autorisé ceux qui le souhaitaient à s'y inscrire. Comme beaucoup d'informations transitent dans l'entreprise, tout le monde n'a pas été prévenu en même temps, et c'est le bouche à oreille qui a joué : les gens se sont inscrits petit à petit, ce qui a permis d'absorber la charge des premiers temps. D'autres entreprises ont choisi d'étaler la charge, en optant pour une ouverture en plusieurs vagues. Cette méthode pose deux problèmes :

premièrement, celui du bon tempo à mettre en place entre les vagues d'ouvertures successives. Il faut prévoir suffisamment de temps pour ne pas s'effondrer sous la charge, tout en évitant de faire attendre et de frustrer certains des collaborateurs les plus motivés. Deuxièmement, comment trouver le facteur discriminant qui fera que tel ou tel collaborateur sera dans telle ou telle vague de déploiement ? Une répartition par pays est problématique, tout comme une répartition par domaine ou service, car ce serait inadapté aux sujets et projets transversaux.

Pour éviter ces problèmes, les entreprises préfèrent avoir recours à des pilotes avant une ouverture générale, surtout lorsqu'elles ne sont pas convaincues du bien-fondé de la mise en place d'un RSE : le pilote va donc permettre de démontrer la pertinence d'un tel projet et de limiter les pertes en cas d'échec. Là encore, il conviendra de déterminer le périmètre pertinent : ni trop large, ni trop restreint. Si le pilote est un succès, il faudra s'interroger sur la bonne méthode de déploiement à adopter : d'un coup, ou par vagues ? Si vous choisissez la méthode par vagues, vous devez conserver un objectif à grande échelle afin de ne pas vous retrouver bloqué par la suite. Ensuite il faudra pouvoir évoluer rapidement pour répondre aux exigences de l'entreprise et des collaborateurs.

Enfin, ce n'est pas parce que le RSE est ouvert à tous et que les collaborateurs s'y intéressent que le travail est terminé : faire évoluer les processus internes, comme la culture des collaborateurs, est un travail sur le long terme.

Par où commencer ? Besoins et outils

32

Les principales étapes d'un projet de RSE

La conduite d'un projet de RSE comprend deux phases principales. La première phase consiste à établir un projet et à choisir la solution de RSE qui répondra aux besoins. La seconde consiste à déployer la solution dans l'entreprise et à mettre en place les différents processus collaboratifs qui vont permettre de profiter pleinement des potentiels de la solution et de répondre aux objectifs fixés.

Il s'agit donc, dans un premier temps, de définir les besoins de l'organisation. Quels processus métiers souhaite-t-on améliorer grâce à une démarche collaborative ? Une fois identifiés les leviers de valeur des usages collaboratifs, il faudra identifier la solution la plus adaptée à ces besoins et usages. Si les solutions de RSE ont une base commune, chacune d'entre elles possède généralement des points forts et des niveaux de fonctionnalités différents. Il conviendra donc de déterminer les différentes fonctionnalités dont l'entreprise a besoin pour coproduire des documents, échanger de l'information, classer l'information, organiser les communautés… Aucune solution ne couvrira l'ensemble des besoins ; il va falloir choisir parmi les plus adaptées et tenir compte des contraintes au niveau du système d'information (l'hébergement peut-il être assuré, est-il possible d'effectuer des développements... ?) mais aussi des contraintes organisationnelles (accès au RSE par des parties prenantes externes, accès en mobilité via les smartphones ou tablettes).

Une fois la solution sélectionnée, elle peut éventuellement être personnalisée au niveau des différentes interfaces et pages : cela passe par du maquettage, et parfois par la limitation de certaines fonctionnalités, si on souhaite un déploiement progressif de ces dernières en fonction de l'évolution de la maturité des utilisateurs. Ensuite il faudra réfléchir à la gouvernance du réseau social : partage des rôles, processus d'ouverture de communauté, processus décisionnels... Vient enfin le moment de s'interroger sur la stratégie de déploiement, et donc de communication, à adopter : quels membres accueillir en premier sur votre réseau et comment les toucher, quelles communautés ouvrir d'abord en fonction des besoins, des objectifs, et de la structure de l'organisation, quel rythme d'ouverture pour les communautés suivantes, comment choisir leurs types, leurs fonctions, leurs membres, comment les animer, comment accompagner les utilisateurs ? En effet, si le but est de répondre à des processus métiers existants, il faut amener les membres à s'organiser de manière différente afin qu'ils travaillent de manière collaborative. Il est donc primordial de ne pas oublier ceux qui animeront le réseau et ses communautés : être manager ne signifie pas que l'on saura forcément manager une communauté. Ce nouveau rôle nécessite un accompagnement à part entière, car ce sera la clef de voûte du dispositif.

À la fin de cette deuxième phase, une évaluation du système sera nécessaire, afin de mettre en place les mesures correctives qui permettront d'entrer dans un cycle d'amélioration continue. Et durant tout ce temps, il ne faudra pas oublier de communiquer, afin de soutenir les membres, en recruter de nouveaux et obtenir le soutien de la hiérarchie. Ceci résume assez rapidement l'ensemble du processus que nous verrons plus en détail ensuite.

Si nous allons jusqu'au bout de la logique, une troisième et dernière étape est nécessaire : l'alignement de l'ensemble de l'organisation autour de ces processus collaboratifs.

33

Savoir lâcher prise

La philosophie des réseaux sociaux, et plus largement des médias sociaux, est de permettre à tout un chacun de s'exprimer sans qu'un processus de modération soit mis en place. Vouloir aller à l'encontre de cette règle casse la dynamique engendrée par un réseau social. L'organisation doit donc apprendre à lâcher prise et à accepter une prise de risque minimum. Une conversation doit être libre, sinon elle perd de sa richesse. Cependant, les entreprises, craignant des débordements, dressent de nombreuses barrières pour se protéger de ces « risques ».

La première barrière est que, contrairement au Web 2.0, il est souvent impossible de se connecter de manière anonyme[50]. On retrouve là une logique de conversation : je sais avec qui je converse et partage quelque chose, il n'y a donc rien de choquant dans le fait de connaître l'identité de mon interlocuteur.

La seconde repose sur vos collaborateurs eux-mêmes : avoir confiance en eux est la base du RSE. Si votre réseau repose sur la défiance, il ne peut pas fonctionner. De plus, les retours d'expérience ont montré qu'il n'y a jamais de débordement,

---

50 - Certaines organisations l'autorisent volontairement, mais c'est extrêmement dangereux, car à l'origine, la solution de RSE n'est pas faite pour cela.

justement grâce à cette transparence. Les collaborateurs s'expriment face à l'ensemble de leurs pairs et de leur hiérarchie, ils ne vont donc pas se saborder ; on voit même plutôt s'opérer une forme d'autocensure, qui se transformera petit à petit en autocontrôle, une fois qu'un climat de confiance se sera installé.

Au cours d'un projet de RSE, beaucoup des craintes de départ s'avèreront infondées. Il y aura sans doute des maladresses - ce sont de nouveaux usages, et personne ne peut prévoir ce qu'il va se passer -, qui devront être capitalisées, voire transformées en opportunités. Ce qui devait être une réussite ne sera peut-être pas à la hauteur des espérances. Inversement, les obstacles prévus vont être dépassés sans problème, certaines pratiques vont apparaître sans que personne ne s'y attende : on apprend en marchant et en prenant des risques, et c'est d'ailleurs en s'éloignant des sentiers battus que l'on favorise l'innovation. On ne peut pas tout contrôler, mais on peut se préparer au mieux, ne pas s'inquiéter et accepter de lâcher prise.

34

Convaincre sa direction de mettre en place un RSE

Comme pour tout projet d'entreprise, avoir le soutien de sa direction est souhaitable, surtout si c'est un projet transversal, auquel cas c'est même incontournable. Si vous êtes convaincu du bien-fondé de votre projet, il va falloir faire preuve de pédagogie et de conviction. Comment faire ?

Étant donné la difficulté de calculer le ROI, en démontrer la pertinence est assez compliqué. Votre présentation devra être soignée ; une série de chiffres ne suffira pas à convaincre votre auditoire de votre démarche, ce n'est pas de tableaux de chiffres dont les gens se souviendront à la sortie de la conférence mais de la personne qui leur a raconté cette histoire dans laquelle ils ont pu se projeter. La force du récit est primordiale dans ce type de démarche : le *storytelling* sera votre atout pour convaincre votre auditoire de mettre en place un RSE.

Même si une expérimentation a déjà eu lieu dans l'entreprise, donner des chiffres de participation n'est pas suffisant. Il ne faut pas oublier qu'au-delà de l'outil, c'est un projet qui concerne les individus. Il faut transformer la représentation que s'en font vos dirigeants (ils pensent que l'on parle d'un outil) et montrer qu'il s'agit bel et bien d'une démarche d'entreprise qui fait sens et qui s'aligne sur les besoins et les objectifs de l'entreprise. Certaines organisations vont rapidement, au sein du RSE, créer des communautés pour que chacun puisse raconter les succès qu'il a rencontrés. C'est de nouveau par des récits que les gens seront convaincus d'adhérer au réseau. Convaincre une direction de soutenir un projet de RSE relève de la même démarche, quelle que soit l'entreprise ; la variable d'ajustement est avant tout dans le niveau de langage et de détails. Il faut partir du général pour aller au particulier, en dépassant dans un premier temps le côté « outil ». Ensuite, il convient de sensibiliser l'auditoire aux apports du collaboratif 2.0 en général, puis expliquer son fonctionnement, de façon plus ou moins approfondie, selon le temps dont on dispose. Pour illustrer votre propos, rapporter des exemples concrets de retours d'expérience d'autres entreprises constituera un vrai plus.

Il vous faudra également montrer en quoi ce projet répond aux besoins de l'entreprise. Face à un public de commerciaux, donnez un exemple d'application dans ce secteur : le but est que vos explications fassent sens pour votre auditoire. L'idéal est d'être capable de donner un exemple qui montre comment votre interlocuteur pourra lui-même utiliser les RSE et quelle valeur ajoutée ils apportent, afin qu'il puisse se projeter.

Enfin, vous pouvez donner à votre auditoire de la visibilité sur ce projet : objectifs, rétro-planning, coûts... Il s'agit d'une démarche conversationnelle : si l'auditoire est convaincu, il aura des questions. Prévoyez du temps pour l'échange et équilibrez le temps de parole, comme pour un entretien d'embauche.

35

Qui est le chef de projet ?

Le sponsor n'est pas le chef de projet. Au niveau d'un groupe, plus qu'un chef de projet, il faut une véritable équipe de projet, chaque membre représentant une des parties qui seront impactées.

Chaque représentant va réfléchir aux besoins de son métier et à l'évolution de ses processus métier au regard des possibilités offertes par l'outil. Mais les impacts sont bien plus larges. En effet, pour installer un RSE, il faut résoudre des questions de gouvernance du système d'information (SI), d'intégration, de développement, etc. En somme, des problématiques outils se posent, à commencer par le choix de l'outil lui-même. Il est donc indispensable que l'équipe projet comporte un représentant de la direction des systèmes d'information (DSI), même si, historiquement (mais de moins en moins), les DSI ont été des freins dans ce type de projet. Pour contourner cette dernière difficulté, les membres de l'équipe projet ont souvent eu recours à des solutions hébergées en dehors de l'entreprise.

Qui dit « circulation de l'information », dit souvent « communication », et en l'occurrence, plutôt « communication interne ». En effet, les modes de communication sont pleinement impactés par ce type d'outil et l'expertise de la direction de la communication est donc nécessaire. De plus, comme nous le verrons par la suite, il faudra mener une véritable conduite du changement qui devra être soutenue par un fort travail de communication.

Dernier acteur et non des moindres : les ressources humaines. Ce projet repose à 80 % sur l'humain et a des conséquences sur les modes d'organisation, et notamment sur les modes de management. Les ressources humaines sont donc l'acteur central : d'ailleurs, s'il devait y avoir un chef de projet, ce poste devrait être assumé par les ressources humaines, qui assurent déjà une fonction transversale dans l'entreprise. Pourtant, elles sont rarement associées à un projet de RSE. Souvent réticentes à y participer, rarement à leur initiative, certaines DRH ont même choisi de sortir de projets de RSE, considérant qu'il ne s'agissait que d'un outil.

En résumé, on observe souvent la présence de la DSI, de plus en plus souvent celle de la communication interne, et de façon plus anecdotique celle de la DRH, alors que ces trois métiers devraient travailler ensemble, et former une sorte de triumvirat dans la conduite d'un projet de RSE. Triumvirat au service des métiers à l'initiative de ce projet, et qui donc seront représentés au sein de cette équipe projet.

36

Quelle est la meilleure solution sur le marché ?

Il est difficile de faire admettre aux entreprises qu'il n'y a pas de meilleure solution, et que cela dépend de leurs besoins mais aussi de leurs contraintes : possibilité d'hébergement, maîtrise ou non de certaines technologies en interne...

En effet, il faut avant tout partir des besoins et voir quelle solution leur correspond le mieux. Par exemple, Lecko[51] a mis en place une matrice des potentiels sociaux de solutions du marché qui permet de classer ces dernières en fonction de leur orientation[52].

---

51 - Cabinet de conseil en organisation et nouvelles technologies.

52 - http://www.lecko.fr/etude-reseaux-sociaux-d-entreprise-tome-2.html.

L'offre du marché
Caractérisation du marché des RSE

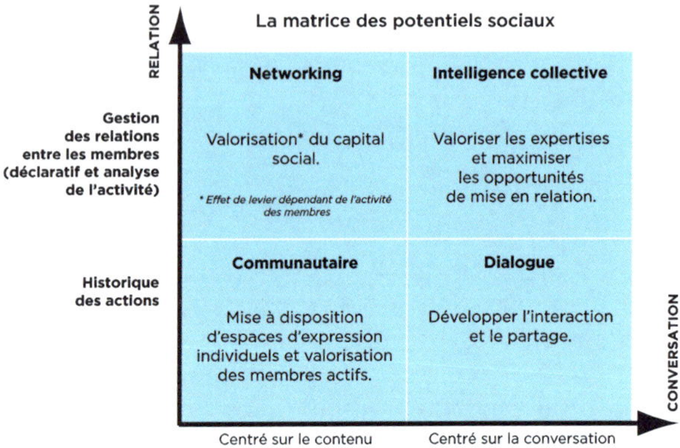

Cette matrice n'a pas pour objectif de classer les solutions mais d'identifier les fonctionnalités principales de chacune, afin de répondre au mieux aux besoins de l'entreprise.

37

Partir des besoins business

Pour choisir un RSE, il est nécessaire de lister les besoins business et processus métiers et de voir quelle serait la valeur ajoutée du collaboratif à ces besoins. Prenons l'exemple plus précis des RH et de l'intégration de nouveaux collaborateurs.

Grâce au RSE, un nouveau collaborateur aura une meilleure vision de l'activité de l'entreprise, trouvera les personnes qui lui sont utiles via la création d'un fil d'experts (quand on arrive dans une organisation, son réseau personnel interne est assez limité) et connaîtra mieux ses collègues à travers leur profil et leur activité.

Les processus de formation, grâce à la possibilité de soutenir un processus de *social learning*[53], vont s'en trouver renforcés, simplifiés et sans doute même voir leur coût réduit.

Véritable outil de gestion des compétences, le réseau social va renforcer la détection des talents

---

53 - Le *social learning* peut être considéré comme le développement des savoirs, des aptitudes et attitudes, par la connexion aux autres - que ce soient des collègues, des mentors ou des experts - via les médias électroniques synchrones ou asynchrones : http://www.entreprise-collaborative.com/index.php/fr/articles/129-livre-blanc-introduction-au-social-learning.

et donc les possibilités de parcours professionnels ainsi que la mobilité au sein de l'entreprise.

Intégration, formation, gestion des compétences : il s'agit bien là de processus RH, qui vont être renforcés et soutenus par le RSE. Les exemples sont nombreux, que ce soit en RH ou dans d'autres métiers : par exemple, les services achats vont pouvoir coproduire la création d'un appel d'offres, échanger sur un référentiel des bonnes pratiques d'achat... Il faut donc partir des processus que l'entreprise souhaite voir développés et améliorés et choisir le RSE en conséquence.

Enfin, cela peut aussi dépasser la sphère des métiers et concerner des problématiques transversales, telles que le rapprochement des collaborateurs et la création d'une culture commune (par exemple après une fusion ou un rachat), l'idée étant qu'un RSE doit permettre de soutenir la mise en place de processus collaboratifs pour répondre aux problématiques de l'organisation.

38

Quelles sont les grandes catégories d'usages des réseaux sociaux dans l'entreprise ?

Les processus de l'entreprise et les usages en leur sein évoluent sous l'impact des possibilités offertes par le social et le collaboratif. À titre d'exemple, dans *Les Réseaux sociaux d'entreprise : l'entrée dans l'ère du conversationnel*[54], Lecko propose cinq tendances structurantes des usages sociaux dans l'entreprise :

- **Social collaboration** : simplifier les processus de collaboration afin de faciliter la mise en relation entre les collaborateurs, le partage de ressources, les conversations et la coproduction de documents.
- **Social KM** : faciliter le partage d'expertises et de contenus, permettre une évaluation de cette expertise et des contributions et pouvoir solliciter les experts de son organisation, le savoir étant plus centré sur les individus que les documents.
- **Social CRM** : permettre l'écoute et l'échange avec ses clients ou prospects afin de converser autour d'un produit ou d'un service et

54 - http://www.lecko.fr/etude-reseaux-sociaux-d-entreprise-tome-2.html.

permettre la coproduction ou co-innovation des productions de l'entreprise avec eux.

- **Social messaging** : fluidifier la circulation de l'information et la veille par la constitution de fils d'expertise. Dépasser les silos et les hiérarchies pour s'informer sur la vie de l'organisation et faire connaître son activité, voire propager des alertes si nécessaire.

- **Social networking** : créer des synergies et favoriser la connaissance des autres, développer le capital social des collaborateurs à travers la multiplication des opportunités de contacts et produire des opportunités de collaboration.

Ces nouveaux usages rendus possibles par le réseau social de l'entreprise vont permettre des gains sur les processus de l'entreprise à court et moyen terme, mais surtout de s'aligner sur une possible stratégie qui ferait du collaboratif la colonne vertébrale de l'entreprise.

39

Besoins et fonctionnalités

Dans le choix de la solution, il y a un certain découpage entre les besoins business, les usages collaboratifs et finalement les fonctionnalités de la solution. Il s'agit vraiment de mettre en relation vos besoins réels et les fonctionnalités que vous souhaitez voir porter par la plate-forme. Bien sûr, au début, on souhaite le plus de fonctionnalités possibles, mais bien souvent, plus la solution offre de fonctionnalités, plus l'ergonomie et la simplicité d'usage en pâtissent.

Chaque éditeur a forgé son noyau de solutions sur des usages spécifiques : il ne peut donc pas avoir toutes les fonctionnalités. Si elles sont au cœur du système, elles seront particulièrement avancées, sinon elles seront absentes, ou à un niveau de développement minime. Il faut donc se concentrer tout d'abord sur les fonctionnalités primordiales pour l'entreprise : des fonctions relationnelles, conversationnelles, qui sont au cœur d'un RSE, mais qui doivent aussi permettre la coédition, la gestion de tâches... ; la liste est longue !

Une fois les usages déterminés, il s'agit de voir quel niveau de fonctionnalité doit offrir la solution. Pour une entreprise qui souhaite créer des communautés, il faut savoir que toutes les solutions n'offrent pas la même finesse de gestion des communautés. Le partage de documents est aussi différent : certaines solutions vont permettre de les attacher, d'autres de les visualiser, d'autres de les corriger en ligne. Bien sûr, cela semble plus agréable de pouvoir corriger en ligne, mais finalement assez peu de solutions le permettent : cette fonctionnalité est-elle primordiale au point de la considérer comme discriminante et donc de se limiter à un très petit nombre de solutions ? Sur l'ensemble des fonctionnalités réellement nécessaires, on va devoir distinguer ce qui est inutile (trop de fonctionnalités peuvent nuire à la prise en main du RSE par les collaborateurs), ce qui est un bonus et ce qui est indispensable. Cela nécessite bien entendu de savoir exactement ce qu'on souhaite faire de cette plate-forme et donc d'avoir déterminé en amont les besoins business et les usages qui en découlent.

40

Les grandes catégories de plates-formes RSE

Il existe plusieurs dizaines de plates-formes de RSE. Il ne s'agit pas de les classer pour savoir laquelle est la meilleure, certaines sont plus connues que d'autres car liées à de grands éditeurs et donc plus présentes dans les grands groupes, ce qui ne veut pas dire qu'elles sont de meilleure qualité. Ainsi on peut répartir les principales solutions sur la matrice des potentiels sociaux, en fonction des orientations choisies par les éditeurs. Cela donne une répartition dispersée au sein de cette matrice[55] :

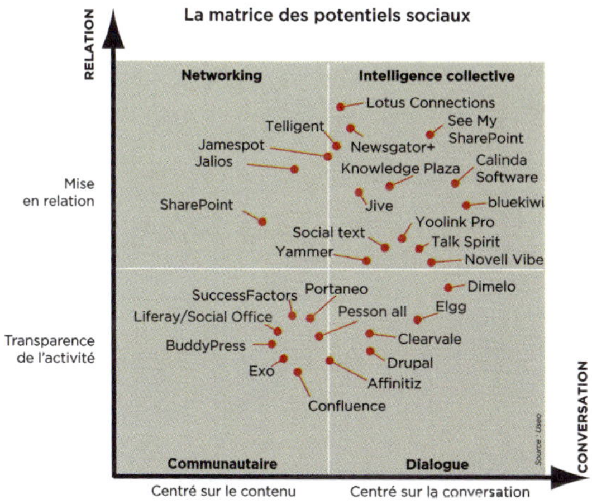

55 - http://www.lecko.fr/etude-reseaux-sociaux-d-entreprise-tome-3.html.

Précisons que ces solutions connaissent, pour les *pure players*[56] de solutions RSE, des évolutions plusieurs fois par an. Une mise à jours pluri-annuelle des fiches des solutions est disponible en ligne[57].

Si aucun classement n'est possible, on peut tout de même répartir ces solutions en trois grandes catégories, que nous détaillerons ensuite.

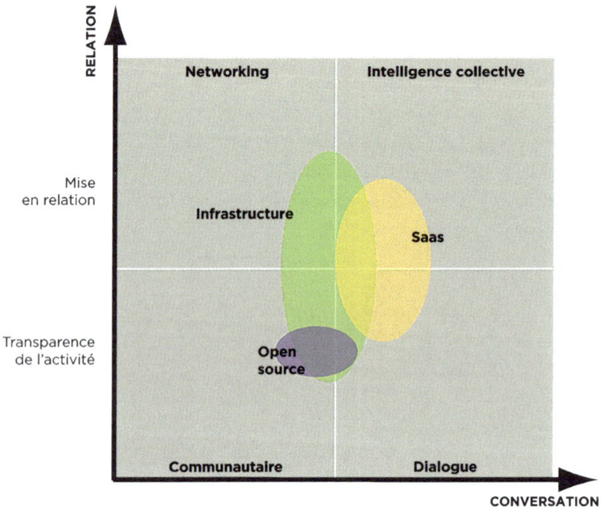

56 - Solution uniquement RSE, contrairement à des solutions prévues au départ pour un autre usage, à qui on a ajouté une couche sociale.
57 - http://communaute.lecko.fr/.

41

Qu'est-ce qu'un RSE en SaaS[58] ?

Un RSE en SaaS est un RSE qu'on va pouvoir utiliser comme un service :

- Vous payez à l'utilisation, même si ce modèle évolue.
- Tout le monde profite du même logiciel et, quand il y a des mises à jour ou un développement spécifique pour un client, tout le monde y a droit, sans frais supplémentaires.
- L'hébergement se fait chez l'éditeur, et non sur les serveurs de l'entreprise : il n'y a donc pas de maintenance.

Les solutions SaaS sont en mode locatif, et sont aussi surnommées *pure player*, car ce sont des solutions RSE depuis leur apparition, et non une adaptation d'une solution existante. Elles sont donc centrées sur la conversation et possèdent souvent un potentiel social plus important que d'autres solutions. Cependant, étant centrées sur leurs fonctionnalités sociales, elles possèdent souvent moins de fonctionnalités que d'autres solutions plus généralistes.

De plus, la solution étant à la base la même pour tous, il est souvent difficile de réaliser un

58 - *Software as a Service.*

développement spécifique ou de modifier réellement l'interface. Il faut noter que ces solutions sont pour la plupart assez récentes, même si, à la demande de leurs clients, elles ont connu une évolution forte, beaucoup plus en phase avec les besoins des entreprises, les faisant rapidement gagner en maturité.

Lorsque l'on souhaite avoir recours à une solution en SaaS, il faut :

- Savoir où est hébergé le serveur, la loi applicable sur les données étant celle applicable dans le pays d'accueil.
- S'informer sur la réversibilité des données, puisque le RSE est hébergé par l'éditeur : modalités de récupération des données (format...) et de transfert en cas de départ.

Les différentes solutions en SaaS[59] :

Analyse de l'offre du marché

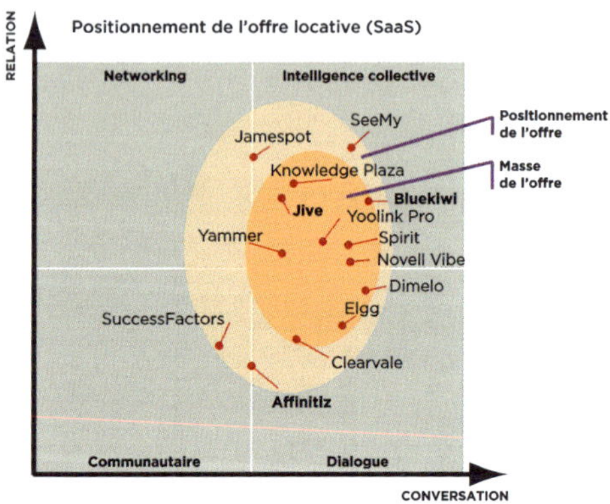

59 - http://www.lecko.fr/etude-reseaux-sociaux-d-entreprise-tome-3.html.

42

Qu'est-ce qu'un RSE de type infrastructure ?

À l'opposé des solutions en SaaS, les solutions d'infrastructure sont généralement hébergées sur les serveurs de l'entreprise. Certains éditeurs ont fait le choix de proposer un service d'hébergement pour éviter d'avoir à gérer la mise en place et la gestion au quotidien du RSE. Le modèle économique est celui d'un logiciel classique reposant sur un principe de licence. Contrairement au SaaS, ces outils sont souvent plus polyvalents, avec davantage de fonctionnalités. Ils sont bien souvent à l'origine des solutions orientées « documents ». De par leur structure, ces solutions d'infrastructure sont souvent moins efficaces pour répondre à un besoin de conversations.

Si certaines fonctionnalités manquent ou ne sont pas assez développées, il sera plus facile d'y remédier, tout comme de modifier l'interface pour avoir une ergonomie plus adaptée à ses besoins et aux différents espaces fonctionnels. Notons tout de même dans ce cas que plus le logiciel d'origine aura évolué, plus la mise à jour sera complexe à mener[60].

60 - http://www.lecko.fr/etude-reseaux-sociaux-d-entreprise-tome-3.html.

Analyse de l'offre du marché

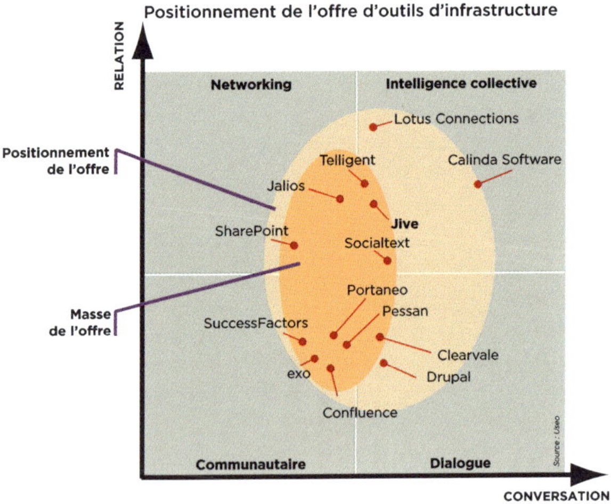

43

Qu'est-ce qu'un RSE au format libre ?

Dernière famille de solutions RSE : les logiciels libres ou *open source*. Plus en retrait au niveau fonctionnalités, et davantage focalisés sur les usages standards, ces solutions de RSE possèdent cependant les mêmes avantages que tous les logiciels libres, à commencer par leur coût, bien moindre que les solutions SaaS ou infrastructures. De même, la récupération des données s'effectue de manière beaucoup plus simple qu'en SaaS ou avec des solutions infrastructures. Étant construits sur des standards ouverts et universels, les RSE au format libre vous offrent une plus grande indépendance.

Pour résumer : ils offrent une plus grande souplesse, au détriment de fonctionnalités avancées.

Analyse de l'offre du marché

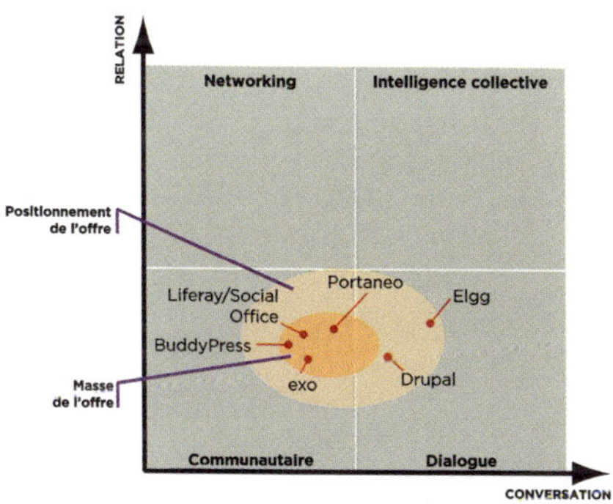

44

Un RSE n'est pas le « gibolin »

Comme le gibolin[61] des Deschiens, on a l'impression qu'au regard des demandes exprimées par les entreprises, un RSE devrait être capable de tout faire, être aussi performant dans la gestion des documents que les logiciels de GED[62] existants déjà au sein de l'entreprise. On peut coéditer des documents : on lui demande d'avoir les fonctionnalités de l'ensemble des applications spécialisées dans l'édition, au risque de perdre en facilité d'usage et d'ergonomie. Or un RSE se concentre avant tout sur ses vocations initiales : conversation et mise en relation. Si vous cherchez autre chose, c'est peut-être parce que le RSE n'est pas la solution qui correspond à vos besoins. Il propose effectivement de nombreuses fonctionnalités nécessaires à l'entreprise telles que celles citées précédemment, mais à un niveau

---

61 - Nom de la boisson miracle aux multiples usages imaginée par les Deschiens dans la série française diffusée sur Canal + dans les années 1990, qui mettait en scène toute une galerie de personnages kitsch dans des situations ou des discussions absurdes.

62 - La gestion électronique des documents (GED) vise à organiser et gérer des documents électroniques au sein d'une organisation. Il met principalement en œuvre des systèmes d'acquisition, de classement, de stockage, d'indexation et de consultation.

basique. Par ailleurs, les éditeurs ont bien compris qu'ils devaient se concentrer sur les fonctionnalités propres au RSE, c'est-à-dire celles qui tendent à créer de l'intelligence collective[63].

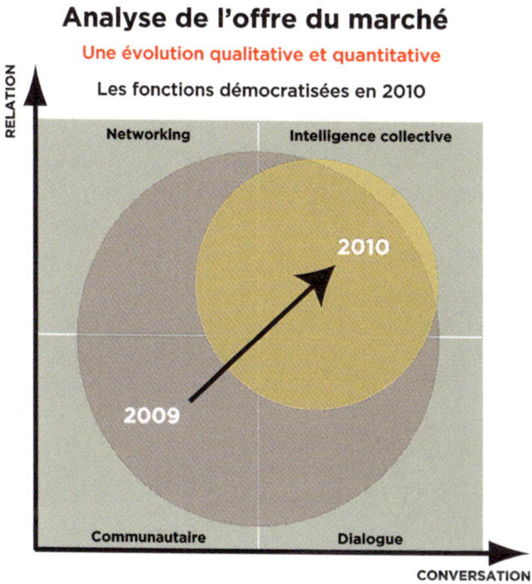

63 - http://www.lecko.fr/etude-reseaux-sociaux-d-entreprise-tome-3.html.

45

L'essayer c'est l'adopter

Bien souvent, suite à une présentation commerciale d'un éditeur, le conseil d'une autre entreprise, ou l'avis d'un consultant, les entreprises vont se précipiter pour choisir une solution qui va finir par les décevoir. Quand on assiste à une démonstration, cela se passe toujours bien et on a l'impression que le RSE présenté est fantastique et correspond exactement à ce que recherche l'entreprise.

Beaucoup d'éditeurs de SaaS proposent un « bac à sable », un lieu de démonstration où chacun peut s'inscrire et tester les fonctionnalités de base de la solution. Cela permet de se rendre compte de l'ergonomie et du côté intuitif ou non de la plate-forme. Ne vous fiez pas uniquement à votre première impression et prenez le temps de tester les fonctionnalités. Vous devez monter une équipe de deux ou trois testeurs, constituée d'« experts » mais aussi des néophytes. L'expert détectera sur une fonctionnalité avancée les avantages et les inconvénients de la solution par rapport à sa connaissance du marché. Le néophyte saura immédiatement expliquer pourquoi cette plate-forme lui plaît et si elle est intuitive (ce qui doit absolument être le cas), ou pourquoi il est perdu, ce qui signifierait que la prise en main serait difficile pour les collaborateurs en général.

Beaucoup d'entreprises demandent aux éditeurs d'essayer la plate-forme ou de tester une fonctionnalité particulière en lien avec leur SI[64]. Selon l'adaptation nécessaire, l'éditeur pourra offrir ou faire payer la préparation. Ce « test » grandeur nature peut se faire assez vite – un projet est rarement à une ou deux semaines près – et fera la différence par la suite.

64 - On parle, de manière un peu abusive, de POC, ou « proof of concept ».

Impacts organisationnels et managériaux

46

Un RSE n'est pas un simple outil

Un projet de ce type représente 80 % d'humain et 20 % d'outil. Certes, l'outil est important, et si les projets sociaux se développent de plus en plus dans les entreprises, c'est bien grâce à cette technologie 2.0, qui va simplifier les démarches collaboratives. Mais les communautés en entreprise existaient[65] bien avant le Web 2.0, tout comme le travail en réseau. Ce dernier s'en trouve uniquement simplifié.

Un outil n'est qu'un objet : ce qui compte, c'est ce qu'on en fait. Avec un marteau, on peut planter des clous pour construire un meuble ou agresser quelqu'un dans la rue pour lui voler son argent. C'est toujours le même marteau, mais c'est bien la manière dont il a été utilisé qui compte. Les premières entreprises qui se sont lancées dans l'aventure pensaient qu'avec une plate-forme collaborative ou un RSE, leurs collaborateurs allaient naturellement se mettre à collaborer ou à créer de la valeur pour leur entreprise. Il ne s'est rien passé de tel, et l'aventure s'est souvent soldée par un échec. Bien évidemment, on a accusé l'outil !

---

65 - Etienne Wenger a développé dès le début des années 1990 le concept de communauté de pratiques.

Il est nécessaire d'accompagner la mise en place du réseau social de l'entreprise, et pourtant, dans de nombreux cas, un budget a été prévu pour « acheter » la solution, mais rien pour l'accompagnement. Soit l'entreprise s'en rend compte assez tôt, avant de rejeter complètement la faute sur l'outil, et elle peut redresser la barre, soit c'est l'échec. Il ne s'agit pas de former les collaborateurs à l'utilisation pratique de l'outil, comme cela se faisait dans les années 1990 lorsque l'on accompagnait la mise en place d'un ERP[66]. La formation à l'outil est accessoire en regard du besoin d'accompagnement pour les animateurs et les membres du réseau social de l'entreprise pour la gouvernance, pour donner du sens, redéfinir des processus de travail, prévoir une stratégie de déploiement...

En résumé, il s'agit d'accompagner la prise en main de l'outil du RSE, dans le cadre d'un changement culturel où l'outil joue un rôle de facilitateur mais ne fait pas tout le travail tout seul, loin de là.

---

66 - C'est un progiciel de gestion intégré qui intègre les principales composantes fonctionnelles de l'entreprise.

47

Cinq défis à relever

Mettre en place un RSE pour apporter de la valeur ajoutée aux processus business requiert une volonté de faire du collaboratif et une capacité à favoriser cette culture du collaboratif. Il va falloir sensibiliser et former les parties prenantes afin de pouvoir développer cette culture collaborative. Pour aller dans cette direction, cinq défis, notamment, seront à relever :

1. **Défi organisationnel** : revisiter les différents éléments de l'organisation pour déterminer ce qui freine et ce qui facilite le travail collaboratif et la mise en réseau des collaborateurs.

2. **Défi managérial** : convaincre les managers de la valeur ajoutée du travail en réseau par rapport au mode de travail habituel. Leur expliquer quel est leur rôle, qui devra sans doute être en partie redéfini, afin qu'ils deviennent les relais du projet.

3. **Défi communautaire** : expliquer que la création de communautés répond à d'autres logiques que les processus habituels de l'entreprise, même si le but est le même. Ce sont les règles de fonctionnement, la culture du partage, le sentiment de confiance et d'appartenance qui seront à générer auprès des membres, pour, finalement, créer un lieu

un peu à part sans être toutefois isolé du reste de l'organisation.

4. **Défi personnel** : les collaborateurs doivent comprendre ce que le collaboratif peut leur apporter, ce qu'ils ont à y gagner. Chaque collaborateur va devoir s'exposer - par la publication, sous son nom, de contenus - avec un risque, au départ, de confusion entre perte de l'anonymat et « flicage ». Il faudra donc veiller à bien souligner les gains potentiels de l'exposition et du partage de contenus.

5. **Défi technique** : fournir aux collaborateurs une solution qui réponde à leurs besoins et à ceux de l'organisation, qui facilite l'échange d'informations et la réflexion commune.

48

Des obstacles à dépasser

Quand on met en place un RSE, on présente toujours le bon côté des choses : la réussite, les gains... Une entreprise communique bien sûr davantage sur ses réussites que sur ses échecs et un consultant présentera rarement des difficultés pouvant être source de découragement. Néanmoins, comme pour tout projet impliquant changement et évolution dans une organisation, la mise en place d'un RSE rencontre des obstacles, dont voici les principaux :

1. **Les obstacles comportementaux.** Ils sont parfois inconscients : les gens sont rétifs au changement, mais ne s'en rendent pas compte. Ils vont donc s'y opposer, sans pouvoir donner de véritable raison, et s'inventer des excuses : « Facebook, c'est un truc pour mes enfants, moi je travaille », ou : « Je n'ai pas le temps. » Cela témoigne d'une hostilité et d'un rejet face aux nouvelles technologies. Même si les plates-formes de RSE sont de plus en plus ergonomiques et intuitives, on ne peut ignorer ce frein. Il va falloir convaincre ces personnes qu'utiliser un RSE sera à peine plus compliqué que d'envoyer un mail.

2. **Les obstacles organisationnels.** Ils concernent les silos de l'organisation : il va donc falloir aller à l'encontre des habitudes de l'entreprise, et expliquer la valeur ajoutée du

« désilotage », d'une communication transversale, et de l'aplatissement de la pyramide, qui remet en cause un certain nombre de rapports de pouvoir, d'où la nécessité d'avoir un sponsor fort. Attention à l'argument du ROI, difficilement évaluable en tant que tel, facile pour faire blocage à un projet de RSE !

3. **Les obstacles managériaux.** Les managers de proximité sont ceux dont le rôle est le plus remis en question... et ils sont aussi vos principaux relais. Dépasser l'opposition des managers est sans doute le principal obstacle : nous y reviendrons en détail dans la partie consacrée à cette question. Il va falloir faire évoluer les modes de management et d'évaluation pour passer d'une gestion individuelle à une gestion collective, ce qui est concevable pour la gestion au quotidien, mais va à l'encontre des processus habituels de l'entreprise pour ce qui est de l'évaluation en général.

4. **Les obstacles technologiques.** Ce sont peut-être les plus simples à résoudre : les questions de sécurité sont finalement plus une excuse que de véritables obstacles. Quant à la difficulté de mise en œuvre, le SaaS a permis d'apporter une réponse concrète à cette problématique.

49

Un RSE, est-ce de l'autogestion ?

Quand on rencontre des chefs d'entreprises, dans le cadre d'un projet de travail collaboratif, l'une des craintes qui revient le plus souvent concerne la perte de contrôle et l'idée que « collaboratif = anarchie ou autogestion ». Cette idée d'autogestion est de plus en plus souvent émise par des gens familiers du concept de management/entreprise 2.0. Qu'en est-il ? Entreprise 2.0 = autogestion ?

Seule la question de la gouvernance sera abordée ici. L'autogestion, dans sa définition classique, désigne un groupe ou une structure qui prend ses décisions de manière collective, avec l'idée d'une suppression de toutes distinctions entre dirigeants et dirigés et, à terme, d'une organisation sans dirigeant.

Il ne faut pas confondre gouvernance et processus (même s'ils sont liés) : à partir du moment où l'entreprise a un P-DG, un comité de direction et un conseil d'administration, dans la majorité des cas (tous les cas ?), les lieux de décisions sont clairement définis (même si par la suite la délégation peut être importante). La question se pose surtout pour la vision et la stratégie : l'ensemble de l'entreprise peut-elle/veut-elle construire la stratégie d'un groupe ? Il faut souvent prendre des décisions rapides et difficiles qui, à l'heure actuelle, peuvent difficilement se prendre à une grande échelle de manière réactive. En clair, il faut un exécutif. Que celui-ci soit sanctionné ou non par les actionnaires ou les employés, c'est une autre question.

Avec la mise en place de communautés, les *feed-backs* des collaborateurs sont beaucoup plus importants, et la part d'autonomie aussi. Cela se concrétise par une plus grande agilité (réduction des temps de décision en phase avec l'opérationnel et/ou le terrain liés aux *feed-backs*), un décloisonnement et une transparence liés à une plus grande fluidité de la circulation de l'information, donnant l'impression d'une plus grande liberté de décision ou pour le moins d'implication. On peut parler d'organisation intégrative.

La grande différence est donc l'écoute des dirigeants et l'*empowerment* des collaborateurs. Bien sûr, pour cela, la taille/l'épaisseur du management intermédiaire est amenée à diminuer en proportion et à évoluer dans ses modes de management. Il y a donc bien une réduction de la pyramide au profit d'une organisation plus horizontale (reposant d'une part sur la notion d'identité des acteurs, d'autre part sur la notion de multicommunauté), mais pas une véritable autogestion au sens où ce sont les collaborateurs qui décident de tout. Mais il faut donner le maximum d'autonomie (ce qui signifie aussi responsabilité) aux collaborateurs en réduisant le côté bureaucratique et rigide de l'organisation lié au modèle pyramidal des organisations classiques « délégatives », comme les appelle Henry Mintzberg[67].

67 - *Power In and Around Organizations*, Prenctice Hall College Div, 1983.

50

Les limites de la pyramide

Il s'agit ici surtout de revenir sur les limites d'une entreprise délégative afin de la faire évoluer vers une organisation plus agile[68].

Le modèle classique de l'entreprise délégative, décrit par Henry Mintzberg, comprend cinq composantes essentielles :

1. **La direction**, chargée de définir la stratégie et les objectifs et de les imposer de façon autoritaire.
2. **La chaîne hiérarchique**, chargée de transmettre et de veiller à l'exécution de ces objectifs.
3. **La base opérationnelle**, qui exécute les décisions prises au sommet.
4. **La technostructure**, chargée d'élaborer et de faire appliquer les normes qui régissent l'organisation ainsi que les procédures et processus de travail.
5. **L'appareil logistique**, qui fournit les moyens de réaliser les objectifs.

68 - Vineet Nayar, *Les Employés d'abord, les clients ensuite*, Les Éditions Diateino, 2011.

Ce modèle a montré les limites de son efficacité. En caricaturant un peu, voici comment il fonctionne dans les organisations actuelles :

- La direction est déconnectée des réalités du terrain.
- La hiérarchie, simple intermédiaire entre la source du pouvoir et les exécutants, éprouve une importante frustration qui provoque des rivalités entre pairs.
- La base opérationnelle est soumise à une multitude d'autorités et ne fait qu'exécuter. Cela conduit à une inhibition totale de sa créativité et à une robotisation « déresponsabilisante ».
- La technostructure a besoin de faire reconnaître son expertise et d'imposer des normes. Son pouvoir vient de son expertise et non de sa position.
- L'appareil logistique détient le pouvoir des moyens et cherche ainsi à tout négocier en mode « donnant-donnant ».

Cependant, les acteurs ont mis en place des systèmes de contournement qui compensent cette rigidité par un système d'adhocratie[69], comportement qui se rapproche d'un fonctionnement plus communautaire. À vous de compléter cette « brique organisationnelle » en impulsant un effet réseau pour accélérer le partage d'information et la prise de décision, notamment à travers la mise en place d'un RSE permettant de passer d'un fonctionnement informel à un fonctionnement plus structuré.

---

69 - http://fr.wikipedia.org/wiki/Adhocratie.

51

Quelle place pour le top management ?

Le top management est le lieu de décision de l'entreprise et se trouve donc à la tête, ou au sommet, de la pyramide dans une organisation traditionnelle. Si on simplifie à l'extrême le processus délégatif de l'organisation, le P-DG est chargé de développer une vision et de donner une direction à son entreprise. La direction va ensuite la transformer en orientations stratégiques qui vont être déclinées de manière opérationnelle par le management. D'ailleurs, cette « transmission » de la vision et sa réception peuvent se faire de manière directe, à travers le blog du P-DG ou plus largement sur une plate-forme collaborative, avec la possibilité pour les collaborateurs de réagir et de dialoguer. À l'inverse, le top management doit pouvoir attendre de la part de ses collaborateurs des informations fiables et pertinentes sur la dynamique de la concurrence, sur l'évolution du marché… Il réduira ainsi le champ des incertitudes dans les problématiques décisionnelles, avec une fluidification de la circulation de l'information et un apport qualitatif grâce à un filtre collectif.

Si le top management conçoit ce que peut apporter à l'entreprise la mise en place d'un RSE, il doit aussi faire partie de ce processus et y participer. Il est illusoire, comme le rappelle John Chambers, le CEO de Cisco, de penser qu'il dirige seul 66 000 collaborateurs. Chaque membre de la direction doit jouer son rôle, participer à ce changement culturel et donc en comprendre les enjeux. Dans ce type de projet, il y a toujours une population qui accompagne la transformation, qui doit en faire partie, pour ramener à elle la majorité d'indécis. Quant aux opposants qui vont du « non » au « oui mais », il leur sera plus difficile de s'opposer au RSE si le top management soutient le projet.

Plus spécifiquement, le directeur des systèmes d'information (DSI) va s'assurer que la mise en place d'un RSE s'intègre bien au niveau du SI, qu'il va dans le sens de l'évolution de ce dernier et n'est pas seulement une pièce rapportée. Le DRH va réfléchir aux différents impacts organisationnels ainsi qu'aux processus RH pour pouvoir aligner ceux-ci sur le long terme. Le directeur de la stratégie va s'assurer qu'on est bien aligné sur les objectifs de l'entreprise. Le DAF évitera de rappeler trop souvent que le dernier système de KM a déjà coûté très cher et qu'il a été un échec.

Le top management a un rôle à jouer, de manière collective d'une part, pour soutenir et donner de l'élan au projet, de manière individuelle d'autre part, pour rendre celui-ci viable et opérationnel.

52

Manager de proximité : un rôle remis en question ?

Si les communautés naissent par le haut et vivent par le bas, qu'en est-il du milieu, à savoir le management de proximité ? Ces managers vont être les principaux relais dans la mise en place des communautés ou d'un RSE. Les avoir contre vous, c'est la garantie de l'échec de votre projet. Il ne faut pas se leurrer, dans une organisation collaborative, le rôle traditionnel du management va évoluer, il ne peut pas demeurer le même. Peter Drucker disait : « 90 % de ce que nous nommons "management" consiste à compliquer le travail des collaborateurs. Dans un nouveau mode de management, je vois l'employé gérer sa charge de travail et demander un soutien à un coach quand il en a besoin[70]. » Cette constatation n'est pas sans rappeler le fonctionnement d'une entreprise collaborative. Peter Drucker n'a jamais dit que ce management allait disparaître, simplement qu'il devait maintenant s'adapter.

En effet, ce modèle d'organisation collaborative remet en question l'idée selon laquelle information = pouvoir, qui est la clef de voûte du management traditionnel. L'information descend du haut de la pyramide, chaque manager la distillant avec

---

70 - Peter Drucker, *The Practice of management*, HarperBusiness, 2006, p. 416.

parcimonie. Dans l'entreprise 2.0, l'information devient accessible à tous et le manager perd ce pouvoir traditionnel, même s'il demeure une courroie de transmission. Néanmoins, il ne faut pas tomber dans l'excès inverse, qui laisserait à penser que l'information va circuler toute seule. Même si elle circule mieux, les managers en définissent aussi le sens et la compréhension, sinon, l'intranet aurait déjà fait l'affaire. Par ailleurs, le manager doit évaluer son équipe. Dans un système en réseau, on est beaucoup plus proche d'un « *personal branding* interne[71] », qui va forcément jouer sur la réputation du collaborateur au sein de l'entreprise. De nouveau, le rôle d'évaluateur traditionnel est amoindri. Enfin, le manager tire souvent une partie de son prestige des résultats de son équipe, dont il s'attribue tout ou partie des bénéfices. Le travail transversal, la transparence des contributions et participations vont limiter ce type de prestige. On est en réseau, les relations sont moins hiérarchiques.

---

71 - Il s'agit de la promotion de sa marque personnelle grâce à des techniques marketing utilisant au maximum les outils Web 2.0.

53

Un nouveau rôle pour le management de proximité

Ces transformations conduisent à repenser le leadership dans l'entreprise et accompagner ce changement dans la culture du management, qui est totalement différente. On va retrouver les fondamentaux du management, même s'ils sont appliqués différemment, mais c'est davantage la manière de procéder que le rôle qui est remis en question, sauf pour la couche de management qui existait sans raison réelle.

Il s'agit donc d'impliquer le management de proximité et de lui ouvrir des perspectives. Surtout ne pas passer cette évolution sous silence et laisser les managers au bord de la route. Pour passer à l'entreprise 2.0, il ne faut laisser personne derrière soi, que ce soit d'un point de vue technologique ou organisationnel. Plus les managers de proximité seront impliqués tôt, moins ils auront l'impression d'être « la dernière roue du carrosse » et seront ouverts à ce changement. Ils vont donc vous accompagner dans le déploiement, ce qui est une des fonctions habituelles du management.

Avec l'apparition des communautés, certains d'entre eux vont assumer un rôle de *community manager*[72]. À vous de les guider vers ce rôle, avec les changements que cela implique. Cependant, ils conserveront tout de même une partie de leur rôle traditionnel : animer une communauté correspond toujours au rôle de coordinateur. Les managers de proximité auront également besoin de motivations lors de ce changement de culture : ils jouent un rôle important et doivent être reconnus pour ce travail d'apport à l'entreprise collaborative, qui fera naturellement partie de leur évaluation, même s'ils devront s'adapter à l'idée de « *personal branding* interne ». Par ailleurs, ils resteront toujours les évaluateurs des collaborateurs, équipes, projets ou communautés dont ils ont la charge. Ce rôle d'évaluation et de contrôle demeurera une des bases du management.

Bien sûr, ce rôle d'animateur n'est pas forcément fait pour eux, car il est parfois trop éloigné de leur culture et de leur histoire au sein de l'entreprise. Dans ce cas, l'entreprise se devra de les diriger vers d'autres rôles, comme celui d'expert par exemple.

Si un projet a été mené par un pilote, il faut laisser les managers de proximité impliqués devenir les ambassadeurs. On est toujours plus convaincu par l'un de ses pairs que par un tiers. Ils raconteront une histoire, la leur, qui entrera en résonance avec l'expérience de leurs interlocuteurs. Ainsi, les autres managers accepteront d'autant plus facilement ce changement. De plus, ils connaissent bien les processus de l'entreprise, les appliquant souvent depuis des années : ils seront donc les

72 - Voir question n° 56 sur le community manager.

plus à même de cibler les évolutions nécessaires, ce qui fonctionne et ne fonctionne pas.

Il n'y a pas de recette miracle. Comme à chaque évolution de l'organisation, certains refusent toute évolution. Lors d'un séminaire sur le travail collaboratif, un manager s'est exprimé en ces termes : « Pourquoi changer ? », avec toute la peur que cela impliquait. Ces managers savent ce qu'ils ont à perdre : à vous de leur montrer ce qu'ils ont à gagner.

54

Leadership et management

Si les managers conservent une bonne partie de leurs fonctions, la façon d'opérer se modifie avec la mise en place du processus collaboratif, ce qui conduit beaucoup de managers à s'inquiéter pour leur statut. En effet, leur comportement va aussi devoir évoluer : être un manager ne veut pas dire être un leader ou faire preuve de leadership. Et pourtant, dans le cadre d'une organisation collaborative, les managers vont devoir passer de compétences managériales à une posture de leadership.

Avec ce nouveau challenge, les managers doivent prendre confiance en eux et répondre à deux défis, souvent inhabituels dans les organisations traditionnelles :

- Savoir coordonner sans centralisme.
- Savoir animer sans hiérarchie.

On retrouve ici les problématiques d'un management de projet ou d'un management transversal, mais il va falloir aller un peu plus loin, et changer de posture.

Il ne s'agit donc pas de dire aux collaborateurs ce qu'ils doivent faire, mais plutôt de les aider à comprendre ce qui doit être fait et leur apporter les différentes ressources nécessaires pour y arriver. Pour cela, et afin de permettre à chacun de développer son potentiel, il va falloir insuffler principalement trois choses :

1. **Un sentiment de liberté**, en acceptant de lâcher prise et de « perdre » le contrôle.

2. **Un sentiment d'appartenance à une communauté**.

3. **Un objectif de sens**, afin que les collaborateurs puissent s'investir pleinement dans leur travail.

Par cette posture de leadership, le manager devient un catalyseur qui inspire ses collaborateurs. Il libère leur énergie, sait trancher ou trouver un consensus quand cela est nécessaire. Cela signifie qu'il accompagne ses collaborateurs en faisant preuve d'ouverture, mais aussi qu'il leur permet d'évoluer en leur accordant le droit à l'erreur, sans lequel la confiance et la prise de risque est impossible. Il s'agit donc également d'apprendre à déléguer (en donnant les moyens de cette autonomie), en devenant une personne ressources en cas de besoin, qui contrôle, non pas les individus, mais les résultats.

Ce rôle fait souvent peur aux managers, qui craignent le regard de leurs supérieurs et de leurs collaborateurs. Pourtant, la délégation ne réduit pas l'autorité, et elle n'empêche pas la reconnaissance des supérieurs et des collaborateurs, au contraire : faire preuve de reconnaissance et de soutien motive les autres. Il faut créer un environnement favorable au succès de l'individu. Le but d'un manager est d'organiser et de développer une équipe : il sera jugé sur la façon dont il animera son équipe, pas sur sa capacité à faire.

Cela renvoie à quelques notions clés :

- Le respect au lieu de la domination ;
- La confiance au lieu de la discipline ;
- La transparence au lieu de l'opacité ;
- Le collectif au lieu de l'individuel ;
- La valorisation au lieu de l'appropriation.

55

Les collaborateurs et la confiance dans l'organisation

Les collaborateurs peuvent être demandeurs de ce type de solution, surtout si la génération Y est fortement représentée. S'ils ne se plaignent pas, cela ne veut pas dire pour autant qu'ils vont changer radicalement leur façon de travailler. Il faut démontrer les gains de ces dispositifs et faire en sorte qu'ils aient confiance dans le management, l'organisation, mais aussi dans leurs pairs. Voici les quatre piliers nécessaires à la création de cette confiance :

1. **Crédibilité** : liée à une expertise ou au moins à une reconnaissance.
2. **Fiabilité** : vérifiable à travers des actions et expériences communes.
3. **Intimité** : il y a une part d'émotionnel.
4. **Motivation personnelle** : il faut que chacun puisse y trouver son propre intérêt.

Par ailleurs, la transparence, base d'un RSE, soulève chez les collaborateurs des questions, du type : la parole est-elle vraiment libre, ou la moindre tête qui dépasse va-t-elle être coupée ? Il va falloir les laisser s'approprier ces nouveaux moyens d'expression. De même, si un collaborateur demande de l'aide, ou produit quelque chose d'inachevé, ne va-t-il pas passer pour un incompétent ? La confiance ne règne pas naturellement entre collaborateurs. C'est en la travaillant que le collaboratif va pouvoir se développer et produire une valeur ajoutée de plus en plus importante :

- Échange d'informations
- Dialogue
- Compréhension commune
- Production en parallèle
- Valeurs communes
- Coproduction entre pairs

Auparavant, dans la majorité des cas, les collaborateurs avaient davantage à perdre qu'à gagner en partageant. Il va falloir changer ces représentations.

56

Qu'est-ce qu'un community manager ?

Le terme de *community manager*, très à la mode en France, renvoie dans son utilisation la plus courante à la fonction de « *social media manager* » ou « *conversation manager* », dont la mission est d'animer les échanges entre internautes sur les médias sociaux. Au sein de l'entreprise, il a pour mission d'animer de manière opérationnelle les communautés : collaborateurs, partenaires, etc.

Dans le cadre de sa mission, il est chargé des différentes activités opérationnelles nécessaires au cycle de vie (lancement, animation, développement, mesure, évolution) d'une communauté et à son animation. Il doit donc maîtriser différents outils technologiques, comme un outil d'enquête pour mesurer le degré de satisfaction des membres du RSE, et savoir réaliser des petits films pour animer sa communauté peut aussi être un plus.

Cela sous-entend qu'il doive changer de posture, et partant, outre le leadership dont nous avons parlé, posséder les compétences nécessaires à la conduite de ce changement. Le community manager doit être quelqu'un de social. Cela peut prêter à sourire, mais ce n'est pas négligeable. Il sera plus apte à convaincre dès lors qu'il saura se montrer diplomate et tenace. Enfin, il devra savoir lâcher prise et faire preuve d'initiative pour se réinventer et réagir à de nouvelles situations.

Il doit aussi posséder trois compétences principales (certaines sont innées, d'autres peuvent s'apprendre) :

1. **Rédaction** : comme tout manager, il doit savoir animer son équipe/sa communauté et donc avoir un minimum de compétences rédactionnelles pour animer le RSE, dont l'écrit est un des principaux vecteurs (même si la vidéo existe, elle demeure secondaire).

2. **Communication** : une communauté n'existe pas sur le seul RSE, il faut aussi l'animer « dans la vraie vie », et par conséquent avoir des aptitudes orales pour la communication, surtout si une partie de cette communication se déroule à distance.

3. **Organisation** : être capable de gérer l'« infobésité », de plus en plus importante dans les entreprises, n'est pas la moindre de ces compétences. De par son rôle central d'animateur, il devra savoir s'organiser pour gérer ce flux d'informations et de conversations sans se laisser noyer. Cette fonction nécessite un minimum de savoir-être afin d'être à l'aise dans ce rôle, au-delà des techniques d'animation.

Ce qui vient d'être décrit renvoie plutôt à une maîtrise d'un certain nombre de principes que vont appliquer des managers en poste. En plus de leur fonction habituelle, ils vont gérer une communauté et y dédier une partie de leur temps de travail.

Il est extrêmement rare de lire des annonces pour un poste de community manager en entreprise, ni même externalisé. Et pourtant, en France, beaucoup s'interrogent sur la création d'un tel poste, ce qui n'est vraiment pas le cas à l'étranger, où ce poste n'existe pas en tant que tel.

57

Qu'est-ce qu'un chief community officer ?

Une coordination est nécessaire à un niveau plus stratégique ; elle échoit au directeur des communautés, *chief networking officer, chief community officer* (CCO), ou encore directeur de la e-strategy. Celui-ci, se situant en amont à un niveau stratégique, supervise l'action des managers qui gèrent des communautés. Il développe les programmes de travail en phase avec les besoins et la stratégie de l'ensemble de l'organisation, afin d'intégrer les usages autour des médias sociaux et les processus collaboratifs internes, externes et transversaux : communautés de pratiques internes, social CRM, etc. Son rôle se situe donc bien au-delà de la gestion des communautés (le travail collaboratif est présent dans toute l'organisation et irrigue l'ensemble des processus de travail) ; il consiste à transformer l'organisation pour un fonctionnement plus collaboratif avec les responsables associés à ces processus : CRM, communication, marketing, RH...

Ce chef d'orchestre du collaboratif dans l'entreprise doit agir au niveau de l'innovation (on ne parle pas uniquement du département R & D, mais bien de l'innovation sociale, ouverte à l'ensemble des collaborateurs de l'entreprise, voire aux clients et partenaires) et de la gestion des connaissances (KM). Bien sûr, au sein des entreprises, cette dynamique collaborative passe par le RSE et ce poste comprend donc forcément une composante « outils ». Il ne se substitue pas au DSI mais doit avoir une connaissance avancée des technologies collaboratives pour être force de proposition.

Puisque le travail collaboratif entraîne une augmentation de la satisfaction des collaborateurs et donc leur implication au sein de l'organisation, il devient « responsable » de cette satisfaction interne. De même, le but premier du collaboratif, accroître la performance et la croissance du business, est aussi au cœur de son poste. C'est un business partenaire à part entière qui contribue à la réussite de l'entreprise et à son développement (difficile de le voir autrement au sein d'une entreprise, sa raison première étant de gagner de l'argent).

Le CCO, dont la mission est de guider l'entreprise vers une organisation collaborative, est donc avant tout quelqu'un qui gère le changement et influence la culture interne de l'entreprise. Dans ce cadre, il est un facilitateur, quelqu'un qui résout les problèmes. Dans les entreprises, où la concurrence est rude entre les différentes *business units*[73], il doit se situer, idéalement, en dehors de ces silos, au niveau de la direction générale, afin de ne pas être soupçonné de favoriser telle direction au détriment d'une autre. De même, il doit être une passerelle entre le top management, les managers de proximité et les collaborateurs. Il doit s'assurer qu'au niveau opérationnel, la mise

73 - Unité organisationnelle au sein d'une entreprise, définie autour d'un domaine d'activité.

en place de processus collaboratifs correspond bien aux besoins de l'entreprise et est alignée sur sa stratégie. Il doit aussi convaincre le top management d'écouter les besoins et visions de « la base » et ne pas partir dans une construction déconnectée des réalités du terrain. En tant qu'« influenceur » et passeur vertical, il permet aux différents étages de la structure de se comprendre.

Bien sûr, pour être crédible dans ce rôle de passeur, il doit avoir eu un parcours transversal et des expériences multiples dans différents services de l'entreprise, ainsi qu'une réelle connaissance du business de cette entreprise. Au-delà de ses savoirs et expériences/expertises, il doit faire preuve d'un engagement personnel fort afin d'entraîner les autres avec lui. Il doit enfin porter une vision afin de conduire le changement au sein de l'organisation. De fait, si l'entreprise 2.0 est une réussite, il se peut que ce poste de chief community officer « s'autodétruise », tous les managers devenant des managers 2.0, bien que l'on suppose qu'il faudra tout de même quelqu'un pour organiser et porter la vision.

58

Des processus collaboratifs à adapter aux processus RH

Les ressources humaines sont assez peu investies dans ce type de projet. Pourtant, les impacts sur les processus sont nombreux et importants. Voici une première liste de ces impacts, qui n'est bien sûr pas exhaustive, mais montre déjà l'ampleur de la tâche.

Tout d'abord, il va falloir gérer les volontaires qui souhaitent participer aux communautés du RSE. Une communauté ne nécessite pas seulement l'existence d'un sujet pertinent à la fois pour les collaborateurs et l'entreprise, mais également la présence d'un leader/animateur (community manager) qui la fasse vivre, la régule et participe à l'alignement de son activité avec les enjeux de l'entreprise à un moment donné. Il ne faut pas limiter ces rôles à celui de community manager, mais l'ouvrir de manière plus large, avec par exemple un rôle de secrétaire, j'y reviendrai. La DRH peut participer à la définition de ces rôles (au-delà de la sacro-sainte fiche de poste) à travers un travail de référentiel qui permettrait de « qualifier » la capacité à jouer le rôle en termes de compétence, savoir-faire et savoir-être. Cette démarche, éventuellement utile pour évaluer les postulants, peut également l'être dans un processus inverse qui consisterait à identifier des viviers d'animateurs potentiels afin d'aller vers eux et leur proposer de prendre part à la dynamique.

Nouveau rôle, nouvelle façon de travailler : cela a forcément des impacts sur les collaborateurs dans le cadre de leur entretien de fin d'année. Si on considère, ce qui est souvent le cas, que la fonction d'animateur n'est pas un poste en tant que tel, il faut intégrer des objectifs liés à cette fonction. On va distinguer deux cas :

- Une communauté projet où le manager crée une communauté pour fluidifier le travail, la coordination au sein d'une business unit (BU) d'une équipe donnée. Dans ce cas, les objectifs sont liés et se confondent puisqu'il s'agit en quelque sorte d'une modalité de management.

- Une communauté de pratiques, plus orientée vers l'échange de connaissances, pour laquelle il exerce son rôle hors de tout lien hiérarchique. Dans ce cas, il s'agit d'objectifs différents. Il y a un arbitrage à un moment donné sur l'utilisation de son temps et il sera difficile de l'empêcher de favoriser ses objectifs métiers sauf à décider, en accord avec le manager de la personne, qu'il doit dédier x % de son temps à cette activité dans l'intérêt global de l'entreprise.

En termes d'évaluation, cela pose la question de l'arbitrage entre l'investissement pour un objectif global d'entreprise et le temps dédié à un niveau plus local dans son entité. En effet, qu'il s'agisse d'un animateur de communauté ou d'un participant, le bénéfice du temps investi va généralement à d'autres BU. Si au niveau de l'entreprise, la somme des valeurs créées augmente, ce qui est l'objectif recherché, cela peut entrer en contradiction avec l'atteinte d'objectifs fixés localement. Chaque responsable de BU est évalué uniquement sur les résultats de sa BU et non sur l'ensemble des résultats du groupe. Par conséquent, le temps accordé aux autres BU est une « perte » pour sa propre entité. Une autre problématique connexe est également à prendre en compte : celle de l'évaluation des compétences collaboratives. Le traduire dans les faits et adapter les descriptions de poste et les modes d'évaluation semble être une étape indispensable pour toute entreprise dans le futur. Mais il ne faut pas oublier que si le RSE est utilisé dans l'évaluation, il faut tenir compte de l'article L.1222-3 du Code du travail qui stipule : « Le salarié est expressément informé, préalablement à leur mise en œuvre, des méthodes et techniques d'évaluation professionnelles mises en œuvre à son égard. [...] Les méthodes et techniques d'évaluation des salariés doivent être pertinentes au regard de la finalité poursuivie. »

59

Faire évoluer des processus RH existants

Certains impacts du collaboratif dépassent le projet de réseau social, conduisant à une refonte du référentiel de management, qui lui-même impacte le processus d'évaluation, ce dernier reposant en partie sur ce référentiel. À ce titre, il va falloir arbitrer, trouver un équilibre entre la performance individuelle et la performance collective. De même, le changement de culture de travail à court terme pourra mener d'une part à une surcharge de travail, d'autre part à une baisse de productivité. Partant de ce constat, il faut avoir une vision dynamique à moyen ou long terme qui peut dépasser l'entretien de fin d'année pour aller vers un entretien lié à l'évolution de la carrière.

Il va falloir aussi adapter le mode de management, une problématique à prendre en compte à double titre, d'abord parce qu'il faut faciliter l'action des leaders de communauté au regard de leur propre hiérarchie, ensuite parce que le réseau social va, à terme, faire glisser le rôle du manager.

De manière globale, le rôle du manager évolue vers celui de facilitateur, de rassembleur de connaissances et d'individus pour devenir, *in fine*, un rôle d'assembleur de compétences : un chantier RH peut-être lourd mais essentiel pour les années à venir.

Il est possible d'aller largement plus loin, l'idée principale étant qu'au-delà de l'outil collaboratif, la réussite d'un projet 2.0 nécessite des leviers RH (évaluation, référentiel de management...), qui sont autant de sujets sur lesquels la DRH est seule compétente pour avancer. De même, l'utilisation de ces RSE par les RH va permettre de renforcer ces leviers RH grâce à l'identification des personnes et compétences au travers des profils, tutorats, intégrations et formations des nouveaux arrivants, et de manière plus large, de renforcer et valoriser le capital humain, social et informationnel de l'entreprise... La liste n'est pas exhaustive.

Si un pilote de RSE peut se passer de la présence des RH, celle-ci est vitale dans un projet de transformation de l'entreprise vers une organisation collaborative. Cette question n'aborde que l'aspect interne, mais dans le cadre de la marque employeur, il faudra coordonner la présence externe sur les médias sociaux et les autres canaux de recrutement avec le RSE, qui va aussi jouer un rôle.

60

Le RSE et le système d'information (SI) de l'entreprise (gouvernance)

Le RSE n'est pas un objet non identifié, qui vit sa vie en dehors du SI de l'entreprise. Logiquement, comme n'importe quelle brique du SI, le RSE doit s'intégrer : si l'utilisateur s'identifie une fois pour l'ensemble des applications de votre SI, pourquoi devrait-il en plus s'identifier pour votre RSE ? Par conséquent, il doit intégrer le système d'authentification courant de votre entreprise à un système d'authentification unique (Single Sign On, SSO). Il existe aujourd'hui un nombre important d'entreprises où les collaborateurs doivent s'identifier pour chaque application. Quoi qu'il en soit, le RSE doit être au même niveau que les autres applications présentes dans l'entreprise. De même, beaucoup d'applications servant à reconnaître les collaborateurs de l'entreprise sont synchronisées avec l'annuaire de l'entreprise (LDAP[74] ou AD[75]). Ainsi, la mise à jour des profils sur le RSE va pouvoir se faire toute seule. Petit bémol à prévoir si des intervenants externes (prestataires, partenaires, clients…) – a priori pas dans l'annuaire des collaborateurs – sont présents sur le réseau : ils doivent à l'évidence avoir

74 - Lightweight directory access protocol.

75 - Active directory.

un profil différencié (afin d'être reconnus, mais aussi pour des raisons légales, pour ne pas être considérés comme des employés de l'entreprise).

Ces bases du SI étant posées, le RSE va devoir faire l'interface avec d'autres applications du SI. De grands éditeurs comme Microsoft ou IBM jouent sur cette problématique en s'appuyant sur le fait que leur solution s'intègre à un espace déjà existant. En présence d'un RSE, que se passe-t-il pour le mail, le CRM[76], la GED[77], le PLM[78] ? Ce sont surtout des questions de gouvernance non techniques qui se posent. Quelles zones de recouvrement avec des applications existantes ? Peut-être est-ce aussi l'occasion de rationaliser le SI existant plutôt que de rajouter une couche supplémentaire. On le rappelle, un RSE n'est pas le gibolin et ne fait pas tout : quel outil doit-on alors choisir, et pour faire quoi ? Il faut amener les collaborateurs à utiliser les bons outils en fonction des usages développés (tout comme le mail ne fait pas tout et n'est certainement pas un outil collaboratif). S'il y a un véritable besoin de gestion documentaire, il y a peu de chances que le RSE puisse rivaliser. Autant conserver les deux, comme c'est souvent le cas dans les entreprises. Par exemple, les documents achevés ainsi que les documents de référence sont stockés dans la GED mais des documents en cours de création sont, eux, présents dans le RSE.

Il faut bien comprendre que la philosophie du RSE est différente de celle des outils traditionnels du

---

76 - Customer relationship management.

77 - Gestion électronique des documents.

78 - Product lifecyle management.

SI, qui ont pour objet de structurer et contrôler les activités des collaborateurs à travers des responsabilités bornées. Le RSE est plus ouvert, moins structuré et permet de se construire selon les usages développés par les collaborateurs. Grâce à cette souplesse, il peut n'être qu'une simple couche sociale s'ajoutant aux outils existants.

61

Pourquoi une gouvernance pour le RSE ?

Pourquoi mettre en place une gouvernance ? Tout simplement parce que vous êtes dans une structure organisée, et que le RSE n'est pas un objet à part : il doit donc renvoyer à des processus définis, dont fait partie la gouvernance. De plus, s'il n'y a pas de gouvernance, qui désignera les parties prenantes du projet ? Cela risque d'être l'auberge espagnole, chaque collaborateur pouvant entrer et sortir comme il veut. Une fois intégré le projet de RSE, qui déterminera les rôles ? Et une fois les rôles définis, à qui les community managers feront-ils leur reporting ? Qui décidera de lancer telle ou telle action ?

On l'a vu, pour choisir la plate-forme à bon escient, il faut mettre un processus en place. Une fois la solution de RSE choisie, qui va déterminer les objectifs à atteindre ? La stratégie de déploiement ? Les modes de fonctionnement ? Le périmètre d'application ? Sur ces questions de déploiement, il est probable que l'on puisse réduire les coûts en évitant une duplication des efforts et des dépenses, mais cela engendrera des désaccords ; qui jouera alors le rôle d'arbitre ?

La gouvernance peut se situer à plusieurs niveaux, être plus ou moins souple, mais elle est nécessaire durant le lancement du projet. Par la suite, elle peut s'assouplir, la pratique prenant souvent le pas sur la théorie. Une instance de gouvernance doit aussi porter une vision. Si elle est moins présente au quotidien, en vitesse de croisière, elle doit se projeter vers l'avenir pour faire évoluer le RSE, en fonction de sa maturité mais aussi des évolutions que connaissent la technologie et l'entreprise.

62

Une charte pour quoi faire ?

On a parlé à plusieurs reprises de « lâcher prise », mais cela ne signifie pas que toute forme de règles va disparaître. À partir du moment où vous avez signé un contrat avec elle, l'entreprise est un univers réglementé et réglementaire. Lorsqu'un RSE est lancé, une charte est toujours mise en place.

Ce document peut prendre deux formes. Il peut consigner ce qui est interdit. La majorité des chartes ressemblent à ce type de document. Lorsqu'il s'agit d'encourager les gens à participer à un dispositif quelconque, commencer par des interdits a plutôt tendance à avoir l'effet inverse. D'autant plus que généralement, qu'elles soient adjointes au contrat de travail ou non, de nombreuses procédures liées au règlement intérieur, à l'utilisation des outils du système d'information, à une charte éthique, aux valeurs de l'entreprise existent déjà et permettent de « contrôler » l'action des collaborateurs sur le RSE, sans compter les lois sur la diffamation, la propriété intellectuelle... Les collaborateurs connaissent ces textes et il n'est pas sûr qu'un nouveau document précisant ce qu'il est interdit de faire contribue à changer les choses.

L'autre possibilité consiste à proposer une charte de bonnes pratiques encourageant les collaborateurs à avoir une certaine attitude sur le réseau. Cela n'empêche pas en fin ou début de document de faire référence en quelques lignes aux principaux règlements de l'entreprise. Il s'agit donc davantage de se focaliser sur les règles de bonnes pratiques : expliquer, par exemple, que lorsque quelqu'un pose une question, c'est qu'il attend une réponse, qu'il faut faire preuve de bienveillance dans les échanges pour développer une confiance réciproque, qu'il n'y a pas de question stupide, etc.

Sans revenir ici sur l'ensemble des bonnes pratiques que l'on peut trouver dans ce type de charte, il faut cependant insister sur un point. Si bien sûr la charte permet d'avoir un texte de référence accepté par tous en cas de litige, dérapage, malentendu et donc de prendre une position officielle et légale, elle n'intervient qu'en dernier recours. La grande majorité des collaborateurs ne l'auront pas lue. Cette charte doit être courte. C'est avant tout la personnalité des animateurs qui va faire la différence, qu'il s'agisse du contrôle et des interdictions ou de l'incitation à participer aux échanges. Leur approche, leur gestion des conversations ou des conflits éventuels est la meilleure réponse à ces questions.

63

RSE et questions juridiques

D'un point de vue pratique, nous allons nous concentrer sur le cadre français, car il peut y avoir des différences en fonction des législations nationales, notamment sur la question de la conservation des données. Il existe de nombreux organismes équivalents à la CNIL (Commission nationale de l'informatique et des libertés) dans différents pays ; ils peuvent être une ressource.

Puisque le RSE est un système cloisonné, il n'est pas soumis à la LCEN (Loi pour la confiance dans l'économie numérique[79]) ni au CPCE (Code des postes et des communications électroniques). Si l'usage du réseau social est basé sur le volontariat et reste à l'initiative du salarié, cela ne nécessite pas d'ajustement contractuel, ni en principe une présentation aux IRP (instances représentatives du personnel). Il convient cependant de rappeler que l'article L.2323-13 du Code du travail prévoit que « le comité d'entreprise est informé et consulté, préalablement à tout projet important d'introduction de nouvelles technologies, lorsque celles-ci sont susceptibles d'avoir des conséquences sur l'emploi, la qualification, la rémunération, la formation ou les conditions

79 - http://www.legifrance.gouv.fr/affichTexte.do?cidTexte=JORFTEXT000000801164&dateTexte=.

de travail ». De même, le comité d'hygiène, de sécurité et des conditions du travail doit être consulté pour tout changement de l'organisation du travail (art. L.4612-8). Lorsque la participation au RSE est une obligation, le droit du travail s'applique, ce qui peut nécessiter une adaptation du contrat de travail ou du règlement intérieur et par conséquent une présentation et validation auprès des IRP. Dans ce cadre, si on va plus loin qu'une simple charte de bonnes pratiques, avec de véritables conditions générales d'utilisation opposables aux salariés, cela peut avoir un impact sur les procédures disciplinaires. Il est d'ailleurs de plus en plus question d'intégrer la charte ou les conditions générales d'utilisation des RSE dans le règlement intérieur ou de l'annexer au contrat de travail, ce qui impliquerait de refaire signer un contrat à tous les salariés.

Il est difficile de passer ici en revue l'ensemble des questions juridiques, cependant, on peut attirer l'attention sur plusieurs points (voir en ce sens l'intervention de Maître Christine Baudoin lors de la conférence organisée par l'ADIJ en septembre 2011 : Réseaux sociaux d'entreprise, risques et enjeux juridiques pour l'employeur et le salarié[80]).

- Le nécessaire respect de la loi Informatique et Libertés : accès du salarié aux données le concernant (en cas de profils enrichis) et possible rectification par lui ; déclaration à la CNIL de fichiers contenant des informations à caractère personnel. Si le RSE est ouvert à des

80 - http://www.adij.fr/index.php?option=com_groupjive&task=showfullmessage&idm=110 % 20&groupid=110&lt.

personnes « externes » à l'entreprise, il faut qu'elles soient identifiées clairement comme telles.

• Le temps passé sur le réseau social est-il considéré comme du temps de travail et, dès lors, son utilisation en-dehors du temps de travail et hors de l'entreprise doit-elle être limitée (pour éviter toute demande de paiement d'heures supplémentaires) ?

• Comment contrôler les abus éventuels dans l'utilisation du réseau (diffamation, injures) ?

• Le CE doit être informé et consulté pour l'utilisation de tout moyen technique permettant de contrôler l'activité des salariés.

Quoi qu'il en soit, si la jurisprudence[81] commence à se construire, elle est pour le moment quasi inexistante.

81 - Arrêt dit « Coca-Cola » (Cass. Soc., 15 décembre 2010, pourvoi n° 09-42691) sur une faute grave constituée par un manquement délibéré et répété d'un salarié à une interdiction posée par une charte.

64

Le RSE et les relations sociales dans l'entreprise

Cette question est une affaire de spécialiste qui dépasse largement les questions de RSE. En effet, on entre dans la question de la légitimité et du partage des pouvoirs. Le RSE remettant partiellement en question la gestion des rapports de pouvoir dans l'entreprise au niveau du management, le rapport aux représentants du personnel (IRP) est également touché.

Le salarié est connecté et peut donner son avis, ce qui donne l'impression qu'on a à disposition un baromètre social permanent émanant du RSE. De ce fait, cela ne revient-il pas à remettre en cause la question de la représentativité syndicale ? On retrouve cette même logique durant les grèves, où la représentativité des élus est remise en question face aux assemblées générales des salariés. On parle bien entendu de rapport symbolique, puisque légalement, seul le syndicat est représentatif. Rappelons à ce propos le cas d'Air France, dont le P-DG avait fait passer une réforme via un référendum interne alors que les syndicats s'y opposaient. Certains pensent que le RSE permet une démocratie participative qui remet en question l'existence des syndicats ; ceci est un peu court. L'action syndicale ne se limite pas à l'écoute des revendications salariales, elle peut prendre des formes plus « offensives », comme la grève, auxquelles ne se substitue pas le RSE. En revanche, comme on l'a vu dans certaines organisations, les IRP peuvent aussi demander à posséder un espace dédié au sein du RSE et s'en servir pour dialoguer avec leurs adhérents et les salariés de l'entreprise. Ces questions sont à aborder par l'ensemble des parties prenantes, les RH et les syndicats. En effet, si les RH refusent un espace aux syndicats sur le RSE, qu'est-ce qui va les empêcher d'utiliser les médias sociaux externes hors de tout contrôle de l'entreprise ? Les syndicats sont des interlocuteurs permanents de l'entreprise, et les décrédibiliser, c'est leur faire perdre une partie de leur légitimité, ce qui pourrait conduire à des situations de blocage.

Par ailleurs, grâce à sa transparence, le RSE peut être un outil du social, mais aussi un moyen de contrôle social, tel le panoptique décrit par Michel Foucault. Les syndicats, sans être dans un rôle d'opposition, doivent jouer ce rôle de vigie.

Déployer son RSE

65

Quelle gouvernance pour le RSE ?

Bien entendu, la gouvernance du RSE peut être protéiforme et dépend énormément de la manière dont fonctionne l'entreprise. Cependant, on retrouve certains points communs ou schémas récurrents.

Tout d'abord, on va généralement trouver une gouvernance à trois étages : un premier étage avec les community managers qui gèrent leur communauté au quotidien de manière opérationnelle, et qui sont « maîtres en leur demeure ». Au-dessus d'eux, une équipe ou un comité projet (ou tout autre nom) qui anime la communauté des community managers, transmet les commandes de l'entreprise, fait remonter les demandes des animateurs, sert de soutien aux nouveaux animateurs, vérifie le respect des règles de gouvernance, ouvre de nouvelles communautés, etc. Enfin, à la direction de l'ensemble (la pyramide au cœur même du réseau existe encore), un comité de pilotage, où l'on trouve souvent les sponsors du projet, qui passent les commandes, font évoluer la gouvernance, tranchent certaines décisions transmises par le comité, font agrandir le périmètre d'intervention du réseau social, déterminent le budget alloué… Avec le temps, cet étage peut finir par disparaître ou devenir une simple chambre d'enregistrement. Le niveau intermédiaire peut aussi disparaître, mais c'est plus rare.

Aujourd'hui, il existe des structures à deux niveaux, sans la partie comité de pilotage, ou à quatre niveaux, avec un comité utilisateurs à côté des animateurs... Ce n'est pas la forme qui prime, mais bien la mise en place de processus décisionnels qui correspondent à la culture de l'entreprise et qui permettent au RSE de fonctionner. Ce qui est important, c'est d'exposer clairement ce qui est encouragé et ce qui est interdit.

Par ailleurs, une règle importante existe, notamment pour les RSE de taille internationale : il peut y avoir une gouvernance-groupe, mais elle ne peut se substituer totalement à une gouvernance-pays, ceci pour deux raisons. La première est que les lois sont différentes selon les pays, et que vos collaborateurs doivent s'y astreindre ; la deuxième est que si au niveau global, vous pouvez considérer que c'est une bonne idée d'ouvrir votre réseau à des parties prenantes externes (fournisseurs, partenaires), dans certains pays, c'est la porte ouverte à la fuite d'informations. Il faut savoir adapter la gouvernance, comme pour n'importe quelle autre décision d'entreprise.

66

Les faux pas à éviter

Tout comme il y a de bonnes pratiques, il y a aussi des pièges à éviter. Beaucoup sont liés à l'entreprise, mais d'autres facteurs interviennent. Voici donc une petite liste de ces pièges, complétant les recommandations précédentes[82] :

- **Ne pas sous-estimer les réticences au changement** : généralement, seulement 10 % des employés sont convaincus du besoin de changer alors que 80 % sont dans l'expectative. Il faut convaincre ces 80 % et tenir compte des préoccupations des collaborateurs pour y répondre. Si elles ne sont pas justifiées, il faut montrer pourquoi elles n'ont pas lieu d'être. Si elles sont justifiées, il faut évaluer les risques réels et les solutions pour agir et éviter les écueils. Nul ne détient la vérité absolue, une expertise n'est pas infaillible, loin de là. Et surtout, il ne s'agit pas d'avoir raison ou tort, mais bien d'entraîner les gens avec vous.

- **Ne pas vouloir tout contrôler** : dès lors qu'on part sur une démarche de renforcement de l'autonomie de ses collaborateurs et de la transparence, il faut avoir la même attitude dans le déploiement d'un RSE. Mais comme personne ne connaît l'ensemble des besoins des collaborateurs, il faut discuter avec eux,

82 - Voir question 65 p. 162.

notamment pour l'ouverture de communautés. Si certaines semblent intéressantes, elles ne sont peut-être pas alignées sur leurs besoins métiers.

- **Ne pas penser que ça va fonctionner tout seul** : grâce aux technologies Web 2.0, beaucoup de choses ont été simplifiées (par exemple, les formations peuvent être allégées), mais cela ne veut pas dire qu'il faille laisser les collaborateurs seuls ; il faut les accompagner et surtout montrer l'exemple. Il faut aussi leur expliquer les bénéfices qu'ils peuvent tirer de la collaboration et le « pourquoi et le comment ». D'ailleurs quand on ouvre une communauté sur le RSE, il est nécessaire de définir au préalable son but, notamment en termes de business, et d'accompagner les collaborateurs dans la mise en place et l'animation.

- **Ne pas laisser le pilote aux mains des seuls *early adopters*[83]** : ils sont vos plus fervents soutiens, mais leurs visions, leurs usages ne sont pas ceux de l'ensemble des collaborateurs (surtout les plus réticents). S'il faut bien sûr s'appuyer sur leur enthousiasme, il faut aussi tenir compte des besoins et des questions des collaborateurs plus « classiques ». Il est en effet peu probable que 100 % de vos collaborateurs participent activement ; la majorité sera essentiellement composée de lecteurs.

---

83 - Les premières personnes à adopter une nouveauté.

67

De la conduite du changement

La conduite du changement est essentielle pour ce type de projet, car il est avant tout culturel et impacte les usages des collaborateurs à travers une transformation des processus métier. On est donc loin des grands projets de conduite du changement des SI dans les années 1990, qui aboutissaient à des heures de formation. Dans un projet de RSE, il y a finalement assez peu d'accompagnement pour la prise en main de l'outil. Celui-ci étant inspiré des outils du Web 2.0 grand public, son ergonomie est en effet assez intuitive (personne ne vous a jamais montré comment utiliser Facebook ou LinkedIn !). Bien souvent, un coaching rapide sur les principales fonctionnalités est suffisant. On va plutôt se concentrer sur les usages, le sens, la philosophie d'un RSE. Il s'agit avant tout de sensibilisation, et la communication y a une part importante.

Généralement, dans un projet de transformation, il y a 80 % d'indécis : c'est donc autour de ces collaborateurs que la bataille va se jouer. Voici quelques conseils pour emporter leur adhésion à ce projet :

- Faire comprendre le projet : il doit faire sens, pour que les gens aient envie de s'investir, sans que cela ne soit une obligation.

• Il faut expliquer, mais selon le précepte de Confucius : « Dis-moi et j'oublierai, montre-moi et je me rappellerai peut-être, associe-moi et je comprendrai ! » Conclusion : les personnes doivent être associées dans la définition du projet.

• Montrer à vos collaborateurs les synergies possibles, les enjeux et les stratégies d'actions qui en découlent.

• Donner à vos collaborateurs des moyens pour échanger, s'investir et s'engager.

• Démontrer en quoi le RSE va agir sur la situation de travail des personnes qui vont être impliquées, dans le changement de leurs objectifs et l'évolution des processus qui en découlent.

• Montrer les zones de recouvrement avec des processus existants qui seront remplacés. On ne parle pas de travail supplémentaire, mais d'une nouvelle manière de travailler qui remplace la précédente.

68

Lancer son RSE et faire un état des lieux

Avant de lancer un RSE, il faut si possible effectuer un état des lieux de l'existant. Réaliser une cartographie des communautés formelles et informelles existantes est nécessaire, et pour cela, il va falloir rencontrer les acteurs clés de ces communautés et les prescripteurs potentiels au sein de l'entreprise.

Il existe déjà très certainement des outils collaboratifs au sein de l'entreprise, plus ou moins nombreux, qui vont peut-être faire doublon avec des fonctionnalités du RSE. Il est donc important de les répertorier, ainsi que les différents médias sociaux qui sont utilisés à titre personnel par les collaborateurs. Cela donnera non seulement une idée de leur niveau de maturité, mais permettra aussi de comprendre ce qu'ils attendent de tels outils. Répondre à un besoin existant ne peut qu'amener des alliés à ce type de projet. Si vos collaborateurs sont présents sur LinkedIn ou sur tout autre réseau social externe, c'est que les fonctionnalités d'un réseau social leur sont utiles, et par conséquent ils soutiendront un projet répondant à un besoin similaire, en l'occurrence un RSE. De plus, cela va permettre de déterminer, ou du moins de comprendre, les besoins d'accompagnement à ces nouveaux outils et usages. Avec un peu de chance, cette cartographie des besoins et usages va aussi permettre d'identifier de futurs relais et soutiens dans l'organisation, ce qui n'est pas toujours simple à faire, la méthode de l'entretien et du questionnaire ayant ses limites, surtout si l'entreprise est de taille importante et répartie sur tous les continents. Utiliser la pédagogie du détour à travers un *serious game*[84] peut répondre à ce problème : cette utilisation du *gaming* monte en puissance dans les entreprises, ce qui permet non seulement de communiquer autour du projet collaboratif et de la philosophie qui y est liée, mais aussi d'avoir une vue d'ensemble du niveau de maturité des collaborateurs, et donc de placer le curseur de l'accompagnement à son juste niveau.

Il est également important de savoir si l'entreprise a connu auparavant un échec dans la mise en place d'un projet plus ou moins similaire et d'identifier les causes de cet échec (problème de communication, manque d'accompagnement, outils à l'ergonomie limitée, projet ne répondant pas à un besoin…), car cela pourrait constituer un frein au lancement du RSE. On peut ainsi éviter de retomber dans les mêmes erreurs et peut-être même parvenir à dépasser les mémoires négatives liées à l'échec de ce projet.

---

84 - C'est un jeu qui vise de manière ludique à sensibiliser ou former sur un sujet sérieux.

69

Adapter le changement en fonction des profils

La stratégie de conduite du changement sera personnalisée en fonction des différents profils, et selon deux axes : d'une part l'intensité de l'effort en fonction de l'importance de la personne dans le dispositif, d'autre part le rôle de la cible dans le dispositif de RSE (les différents rôles seront abordés plus tard).

Des ronds concentriques permettent de visualiser l'intensité de l'effort :

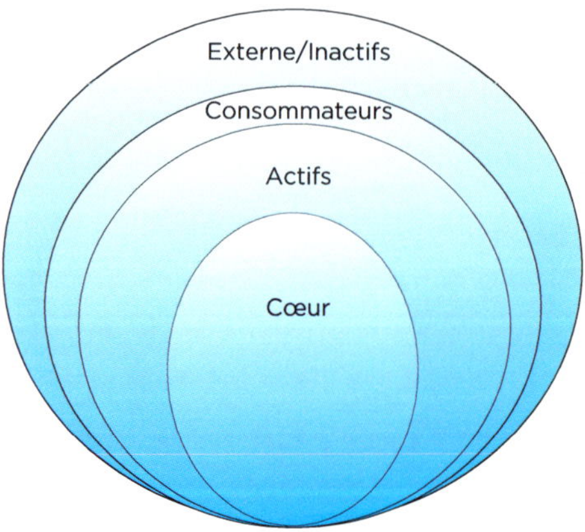

Au niveau du cœur du projet se trouvent les animateurs du projet, qu'il faudra accompagner et soutenir dans leur animation au quotidien. Il y a aussi leurs principaux relais, qu'il faut soutenir encore davantage (ce sont un peu des animateurs bis), enfin le sponsor, qu'il faut tenir régulièrement informé sur l'avancée du projet, les gains, et avec qui il faut maintenir un lien permanent, pour lui donner de la visibilité.

Les actifs devront être renseignés sur les principaux usages, afin qu'ils comprennent l'importance de telle ou telle action, notamment celle des contributions.

Les consommateurs sont les inscrits qui se contentent de lire : il faut au moins obtenir d'eux qu'ils complètent leur profil en mettant à leur disposition des fiches simples de prise en main. Un travail de communication sur l'actualité du RSE et ses victoires les amènera petit à petit à s'investir de plus en plus.

Le travail de sensibilisation pour les externes (non inscrits sur le RSE), ou ceux qui se sont connectés une fois par curiosité, passera par les outils de communication externes au RSE (de type intranet, newsletter, etc.). Il faudra aussi compter sur leurs pairs investis au sein du RSE, qui auront un rôle d'ambassadeur ; en faisant du buzz, ils seront les meilleurs porte-parole.

70

Les bonnes pratiques à développer

Commençons tout de suite par « tuer » un mythe : il n'y a pas de « *best practices* » sur le sujet. Il y a de bonnes pratiques, mais pas de solutions toutes faites, chaque solution étant liée à la culture de l'entreprise qui va la mettre en place. Voici donc une suggestion de bonnes pratiques à développer :

- **Faire du RSE un projet d'entreprise** : il est évident que le projet, quelle que soit sa taille – on ne parle pas d'un big bang, mais plutôt d'un pilote qui sera ensuite déployé de manière plus large –, doit être soutenu (parrainé, sponsorisé) par la tête de l'entreprise, qui doit le présenter comme un projet important pour elle. Il doit faire sens avec la stratégie de l'entreprise et être présenté comme tel, sinon les freins au changement seront difficilement surmontables.

- **Placer l'humain au cœur de la démarche** : tout est là, ce sont les parties prenantes qui doivent faire corps avec le projet. C'est pourquoi cette évolution doit faire sens et montrer en quoi elle sera bénéfique pour l'entreprise, et surtout pour les collaborateurs. Si les gens ne sont pas volontaires et convaincus, cette démarche a très peu de chances d'aboutir.

- **Favoriser l'adoption progressive** : il faut faire les choses par étapes, et surtout laisser du temps au temps. Il faut voir grand, mais commencer petit. Voir comment faire adhérer les gens à ce nouveau mode d'organisation, de management et de travail. Travailler de façon collaborative, avec de nouveaux outils, n'est pas quelque chose d'intuitif pour la majorité des collaborateurs (sans doute plus pour la génération Y). On se concentre donc bien sur l'ensemble des parties prenantes (collaborateurs, clients, partenaires...) pour voir comment elles vont interagir et adhérer à cette nouvelle démarche. On se situe totalement au niveau culturel, celui des usages. Il s'agit donc d'offrir un accompagnement méthodologique afin que tous se sentent soutenus et sachent ce qu'ils peuvent faire. Attention, cette aide ne doit pas être un règlement contraignant, mais bien un soutien.

- **Être orienté utilisateur (pour les outils)** : c'est la clé ; il faut partir des besoins, voir de quoi les collaborateurs ont principalement besoin pour leur travail au quotidien (collaboratif ou réseau ou les deux). Peu d'outils suffisent dans un premier temps. Puis selon les demandes, on élargit la palette. Mais il est essentiel que tous aient les mêmes outils. On voit encore trop d'entreprises où chaque direction/service possède son propre outil.

- **Encourager les contributions** : on ne peut pas forcer les gens à collaborer. Il faut montrer les gains rapidement afin de convaincre les gens de la plus-value, mais surtout trouver des « champions/ambassadeurs » pour relayer le message. Ce sont eux qui vont convaincre leurs pairs. Il faut aussi prévoir des rôles pour chacun, pour que chacun trouve sa place.

• **Benchmark**[85] : il est toujours utile de savoir comment cela s'est passé ailleurs (ce sont des retours d'expérience, qui sont souvent demandés à des consultants,). Si rien n'est jamais identique, il y a quand même des passages obligés dans ce type de projet.

• **Ne laisser personne sur le bord du chemin** : dans les organisations, on trouve encore beaucoup de « *lowtech* » ou « *tech adverse* », qui rejettent par principe les solutions informatiques. Leur première expérience s'est souvent mal déroulée parce que l'informatique n'était pas conviviale. Maintenant, les interfaces sont simples et tout est intuitif, mais cela ne suffit pas : ces personnes campent sur leurs positions, car elles vivent avec leurs représentations de l'outil informatique. Si votre entreprise devient collaborative, elle doit l'être pour tous, pas seulement pour un groupe de *happy few* « branché » nouvelles technologies. Ce sont ces collaborateurs « non convaincus » qu'il faut accompagner, pour leur faire voir petit à petit les avantages qu'ils pourront tirer du RSE et leur montrer que ce n'est pas plus compliqué que de rédiger un courriel. De la même façon qu'il y a vingt ans, tout le monde est passé à l'informatique, aujourd'hui tout le monde doit passer à ces usages collaboratifs

85 - Démarche d'observation et d'analyse des performances et des pratiques utilisées dans d'autres entreprises pouvant être réutilisable.

et aux outils qui les accompagnent. Mais ne vous trompez pas de cible : ce n'est pas l'apprentissage des outils qui va être dur à intégrer, mais bien les usages inhérents à ces outils au sein de l'entreprise.

71

Quels rôles au sein du RSE ?

On va trouver différents rôles au sein d'un RSE : certains sont incontournables, officiels, d'autres verront le jour progressivement, selon les besoins, notamment ceux de la communauté.

Bien entendu, on trouve l'animateur de communauté, le fameux community manager. Mais il y aura peut-être aussi un secrétaire, notamment dans les communautés de tailles importantes, qui aidera à organiser la vie de la communauté en rappelant les réunions physiques de la communauté, qui préparera l'ordre du jour, prendra en note les débats pour pouvoir les transférer ensuite sur le RSE et permettre la continuité des discussions... Certains débats risquant de tourner en rond, le secrétaire se chargera de rédiger une synthèse et de la soumettre au groupe. Ce rôle de scribe est ingrat mais extrêmement important et soulage l'animateur de ces tâches essentielles, mais chronophages.

Il y a un besoin de faire connaître l'activité de la communauté, et même s'il y a une communication par des canaux traditionnels, le bouche à oreille est primordial. Avoir des ambassadeurs pour jouer ce rôle est très important. Ils sont convaincus du travail de la communauté et possèdent un réseau informel. Tout le monde les connaît, ils connaissent tout le monde, et ils vont mettre leur réseau à la disposition du chef de projet.

Certaines personnes sont plus réfractaires que d'autres aux technologies. La présence d'une *task force*, qui est là comme fonction support pour aider au quotidien les collaborateurs qui rencontrent des problèmes avec l'outil et répondre à une demande en temps réel, s'avère aussi importante.

On pourrait aussi parler de la nécessité d'alimenter le RSE en informations, et de l'importance du rôle du curateur, qui sera chargé de diffuser les échanges d'informations et les réactions. Mais les rôles sont infinis. Ce qu'il faut retenir, c'est qu'au-delà d'une fiche de poste déterminée, des collaborateurs gèrent déjà de manière officieuse ces fonctions au quotidien. Ces rôles vont se construire en fonction des besoins, mais aussi de la culture de l'entreprise et de l'investissement des collaborateurs dans le RSE, et disparaître s'ils se révèlent inutiles. Laissez le réseau de l'entreprise vivre et s'inventer !

72

Quelles communautés trouve-t-on principalement dans les entreprises ?

La question abordée ici l'est d'un point de vue purement pratique et pragmatique. Il ne s'agit pas de dresser une typologie des communautés, mais d'observer les processus de regroupement au sein d'un RSE.

- **La communauté de pratiques** repose sur l'échange de pratiques, d'où son nom : elle peut être thématique ou de métier, et donc une communauté d'intérêt. En voici une définition précise : « Les communautés de pratiques sont des groupes de personnes qui se rassemblent afin de partager et d'apprendre les uns des autres, face à face ou virtuellement. Ils sont tenus ensemble par un intérêt commun dans un champ de savoirs et sont conduits par un désir et un besoin de partager des problèmes, des expériences, des modèles, des outils et les meilleures pratiques. Les membres de la communauté approfondissent leurs connaissances en interagissant sur une base continue et à long terme, ils développent un ensemble de bonnes pratiques[86]. » C'est par le partage d'information, la coproduction, l'échange de pratiques que l'on produit

86 - *Travailler, apprendre et travailler en réseau*, Cefrio, 2005, p. 21.

quelque chose selon un processus défini par la communauté, en réponse à une commande, ou dans le cadre d'un travail de plus longue durée émanant de la communauté même. Il peut s'agir d'une communauté métier, (par exemple des commerciaux qui vont échanger sur leur technique de vente, leur connaissance d'un marché...) mais aussi, de manière plus transversale, de communautés de managers, qui échangent sur leur rôle de manager au quotidien. Cela renvoie aussi aux communautés d'experts, moins ouvertes, qui produisent des documents de référence. Le « statut d'expert » sera le sésame pour intégrer ces communautés.

• **Les groupes/communautés projets** : bien souvent, les puristes considèrent qu'il s'agit d'un abus de langage et qu'elles ne font pas partie des communautés. Or dans les entreprises, on travaille souvent sous forme de projet : permettre de développer des pratiques collaboratives et des processus business y est donc tout aussi important. Ce sont même souvent les premières communautés que l'on y trouve, car elles sont plus facilement incluses dans les processus business existants. Les collaborateurs poursuivent le même objectif que précédemment, mais le réalisent différemment. Il est plus facile de mesurer leur impact, que le projet aboutisse ou pas, et on peut mesurer un gain par rapport aux méthodes antérieures. Mais elles ont une durée de vie limitée à la durée du projet.

• **Les communautés de partage d'information et de capitalisation** : elles sont assez proches

> de la communauté de pratiques, mais il s'agit davantage d'une forme de gestion des connaissances (*Knowledge Management*), qui, au lieu d'être « *file centric*[87] », est « *people centric*[88] ». Les gens vont pouvoir capitaliser sur des documents déjà réalisés, partager de l'information sur un client ou un marché. À travers les conversations, on enrichit les apports et le savoir de chacun et on évite de réinventer la roue.

Là encore, il ne s'agit pas de savoir si vous rentrez dans telle ou telle case, mais plutôt de regrouper des collaborateurs à travers un processus collaboratif, ce qui va vous permettre de créer de la valeur au quotidien au sein de votre RSE.

87 - Orienté documents.

88 - Orienté sur les personnes.

73

Innovation et communauté : savoir s'organiser

Développer l'innovation via une démarche d'intelligence collective est l'un des principaux objectifs de l'entreprise. Si les structures en silos sont efficaces pour l'application de la stratégie de l'entreprise, le fait qu'elles manquent de communication transversale limite, voire empêche, un certain nombre d'innovations. Ainsi, il peut paraître surprenant que Time Warner, qui possède Warner et AOL, n'ait pas pensé à créer un équivalent d'iTunes.

Il va s'agir de prendre appui sur les réseaux informels de l'entreprise pour permettre une collaboration visant à développer les innovations. Non orientés, ces réseaux informels ne seront pas féconds en terme d'innovation, d'où le besoin de créer une communauté dédiée pour animer ces échanges. Le cycle de création des communautés d'innovation passera par trois temps forts :

1. **Trouver les bonnes personnes** : certains collaborateurs sont des acteurs clés dans les processus d'innovation. De plus, ils sont à même d'identifier les personnes qui peuvent interagir pour développer des pistes de progrès.

2. **Donner les moyens d'agir** : ces personnes-ressources, si elles sont en mesure de découvrir de nouvelles opportunités, sont rarement

capables de réunir les ressources nécessaires (humaines, financières, logistiques...).

3. **Faire le lien** : si ces collaborateurs sont reconnus pour leur rôle de facilitateur/passeur, ils n'ont cependant pas les moyens d'amener les différentes divisions de l'entreprise à collaborer sur une simple idée. Il faut donc renforcer les liens entre les personnes et entre les silos de l'organisation en créant un climat de confiance et en diminuant les rivalités. Cela nécessite qu'un sponsor consente à ce que ces collaborateurs donnent de leur temps à l'ensemble de l'entreprise (et non pas à leur seule business unit, ce qui fait courir le risque de diminuer dans un premier temps les résultats de celle-ci). Ce sponsor, qui peut répondre à ces trois problématiques, va permettre à cette communauté de détecter et développer les moteurs de progrès.

Cette innovation organisationnelle va se concrétiser de la manière suivante :

- Utiliser les collaborateurs des différents silos pour produire de nouvelles idées en manageant et organisant la co-innovation à travers un processus transparent accepté par tous.
- Tirer parti du processus de co-innovation en utilisant la notoriété du sponsor pour les diffuser dans l'entreprise.
- Attirer et motiver les contributeurs, mais faire aussi évoluer ce réseau de contributeurs.
- Tenir compte des avis des managers des business units pour enrichir le débat.

- Fragmenter la problématique afin de permettre à un maximum de collaborateurs de s'investir dans la partie où ils excellent, même s'ils ne maîtrisent pas l'intégralité du problème, ce qui n'empêche pas d'avoir une vision globale.

- Voir les avis aboutir à un résultat concret est très important et est partie intégrante de la motivation et de l'investissement qui en découle.

74

Animer une communauté d'innovation

Le recours au travail collaboratif et aux RSE contribue à améliorer les idées développées au sein de l'entreprise et les innovations au moins de quatre façons :

1. Faire connaître à chacun les intérêts et les difficultés des uns et des autres : mettre les gens en réseau.

2. Effectuer un transfert des meilleures pratiques : communauté de pratiques.

3. Établir des analogies entre des groupes apparemment sans rapport les uns avec les autres : casser les silos.

4. Synthétiser les croyances et les comportements entre ces différents groupes : générer la confiance.

Cela va se retrouver dans la manière d'animer les communautés d'innovation. Ensuite, il va falloir délimiter un périmètre lié aux centres d'intérêt et aux enjeux de l'entreprise et des collaborateurs, avec quelques *guidelines*, pour permettre de concentrer le foisonnement d'idées et filtrer les plus prometteuses. Bien sûr, il serait dommage de perdre de bonnes idées qui sembleraient « hors périmètre », et de ne pas les collecter dans une catégorie dédiée. Il convient de préciser deux choses :

• Cette communauté d'innovation ne doit pas avoir un but trop précisément défini. Elle doit cependant être alignée sur les objectifs de l'entreprise. L'expérience de Toyota au début des années 2000 montre qu'un but clair et défini empêche l'innovation car les collaborateurs appliquent et ne cherchent pas, ne réfléchissent pas. Des contradictions naît la créativité et de la pluralité des points de vue et des débats (présentiel/distanciel, synchrone/asynchrone) l'innovation.

• Cette démarche ne doit pas faire oublier que les participants doivent rester ouverts sur l'extérieur, grâce à une veille métier/transversale (qui pourra devenir collaborative), qui alimente grandement les réflexions.

75

Faut-il consacrer beaucoup de temps au RSE ?

La question du temps de gestion d'un réseau social d'entreprise est récurrente, et ramène à cette remarque déjà évoquée : « J'ai pas le temps, j'ai du travail. » Pourtant, on n'entend personne dire : « Je ne vais pas utiliser mon mail, j'ai du travail. » Reconnaissons-le, le traitement de la montagne de mails au quotidien est souvent chronophage et peut sembler assez contre-productif.

La première idée à combattre est que le RSE ne fait qu'alourdir la charge de travail, en abordant la question avec une vision dynamique. En effet, la charge de travail n'est pas la même au lancement du RSE et en « vitesse de croisière ». En outre, un certain nombre de tâches sur le RSE sont déjà effectuées par ailleurs. Ce n'est donc pas un travail supplémentaire, mais bien le même travail réalisé de manière différente, comme la gestion d'équipe, de projet... Sur le long terme, cela va même permettre de déléguer ou d'éviter de répéter inutilement certaines tâches, et faire gagner du temps. On en revient au côté dynamique court terme versus long terme, même s'il y a un coût d'entrée pour la maîtrise de l'outil dans les processus collaboratifs.

Ensuite, selon le dispositif mis en place et le rôle que chacun a, le temps consacré ne sera pas le même (les chiffres donnés ici le sont surtout à titre indicatif). Ainsi, si au sein de la gouvernance, il y a un comité décisionnel ou de pilotage, celui-ci va devoir se réunir une à deux fois par mois pendant la phase de lancement puis seulement tous les trimestres par la suite. Par contre, le chief community officer peut constituer un poste à part entière et à plein temps (surtout s'il coordonne la gestion des médias sociaux pour l'entreprise). Le comité de projet, qui deviendra peut-être un comité de suivi, va se réunir toutes les semaines pendant la mise en place du RSE pour, sans doute, ne plus se réunir que tous les mois par la suite. Concernant la gestion des communautés, cela peut-être très variable en fonction du type de communauté à gérer. Comme dans tout projet, il y a des phases plus ou moins intenses ; l'animation d'une communauté projet suivra ces phases. Dans le cas d'une communauté de pratiques, le temps consacré connaîtra souvent un lissage annuel.

Quoi qu'il en soit, deux choses sont à retenir : premièrement, lors du lancement du RSE, les animateurs vont avoir beaucoup de travail, et ce travail est quasiment toujours sous-estimé par les organisations. Deuxièmement, le travail d'animation d'une communauté ou du RSE ne se limite pas à la plate-forme collaborative ; il s'agit aussi de réunions et d'événements « physiques ».

76

Quelles communautés ouvrir en premier ?

On assiste généralement à un déploiement progressif du RSE. Un big bang, une ouverture qui aurait lieu d'un seul coup, est très rare. On assiste le plus souvent à la mise en place d'un pilote ou à une ouverture sous forme de vagues visant un élargissement progressif. L'idée est que les premières communautés servent de vitrine pour permettre ensuite un déploiement plus large sur l'ensemble de la structure. Elles doivent montrer qu'elles ont développé une valeur ajoutée pour convaincre le top management et les collaborateurs, qui doivent pouvoir se projeter dans la réussite de ces premières communautés. S'il n'y a pas de règle générale, et que cela dépend de l'entreprise, on peut néanmoins dégager certaines pratiques récurrentes et donner quelques conseils.

Tout d'abord il est plus simple de partir de communautés préexistantes au sein de l'entreprise, qu'elles soient officielles ou officieuses. En effet, elles ont déjà un but précis qui a au moins conduit à leur existence, et ont déjà développé un minimum de pratiques de partage et d'échange d'informations. Cette culture du partage et de la collaboration étant plus difficile à intégrer que la maîtrise de l'outil, cette méthode se résume donc bien souvent à outiller une communauté et faciliter son travail. Comme il y a de grandes chances que ces communautés soient une réussite, ce sont souvent les premières à ouvrir.

Dans la mesure du possible, il vaut mieux ouvrir des communautés transversales, avec des thématiques qui dépassent les silos existants. Les gens, naturellement, s'associent avec ceux qu'ils connaissent, c'est un peu « l'effet cantine » (on s'assoie et on déjeune avec ses amis). Si l'on reproduit un silo existant, il est difficile de jouer de l'effet bouche à oreille pour se développer dans d'autres services ou parties de l'entreprise.

Dans le même ordre d'idées, il faut éviter de n'ouvrir que des communautés issues de la DSI. Comme cela a été dit à maintes reprises, le RSE n'est pas une simple question d'outil, bien que ce soit encore la représentation dominante. Il est évident pour la majorité des gens qu'un RSE ne peut fonctionner s'il n'est utilisé que par les collaborateurs travaillant à la DSI, qui ne sont pas représentatifs sur ce point du reste de l'entreprise. Il faut si possible ouvrir des communautés liées aux métiers afin de démontrer la pertinence et la valeur ajoutée du RSE.

Enfin, il vaut mieux éviter un déploiement à la fois thématique et géographique. Lorsque les communautés ont juste un ancrage local, quel que soit le métier, ce n'est pas un problème. Mais si on ouvre une communauté projet en commençant par l'Europe uniquement, que se passe-t-il pour les Américains et les Chinois qui travaillent également sur ce projet ? N'étant pas membres de cette communauté, ils ne vont pas pouvoir interagir alors qu'ils sont parties prenantes dans ce projet. Une communauté liée à un processus ou à une problématique ne peut pas fonctionner si elle exclut une partie de ses parties prenantes.

Il faut avant tout partir des communautés rassemblant des volontaires pour se prêter à cette expérimentation et pour qui l'idée de communauté fait sens, sinon la communauté ne sera pas suffisamment opérationnelle, et le déploiement sera un échec. Il faut partir des envies et des besoins des collaborateurs, pour autant, bien sûr, que ces besoins soient alignés avec ceux de l'entreprise, et ne pas leur imposer des communautés.

77

Les questions à se poser pour ouvrir de nouvelles communautés

Bien souvent, dans les entreprises, la collaboration prend la forme de communautés au sein d'un réseau social. Le mode de décision pour ouvrir des communautés est un casse-tête pour l'instance de gouvernance. Les deux modèles les plus répandus sont :

1. Décisions de l'instance seule : elle choisit quelles communautés ouvrir, mais les résultats sont rarement probants.

2. Demande de la part de collaborateurs, avec deux possibilités : ouverture automatique, mais là aussi ce n'est pas très efficace, ou mise en place d'un processus de validation.

Quel que soit le mode décisionnel retenu, souvent en lien avec la culture de l'entreprise, voici une petite liste de questions à se poser avant d'ouvrir une nouvelle communauté :

- Pourquoi ouvrir une communauté ?
    - o À quel besoin répond-elle ?
    - o Avec qui va-t-elle permettre d'interagir ?
    - o Quelles sont les ressources qui vont pouvoir y être allouées ?
- Cette communauté ne fait-elle pas doublon avec une communauté existante ?

  - o Peut-elle être un sous-thème d'une communauté existante ?

- Cette communauté répond-elle à un besoin de l'entreprise ? Elle peut répondre aux besoins de celui qui la propose, mais pas à ceux des collaborateurs ou à ceux de l'entreprise.

- Quelles fonctionnalités pour cette communauté ? Si l'outil n'est pas primordial, il doit permettre de fluidifier des processus business existants ou à venir. Il faut donc penser aux fonctionnalités à l'ouverture mais aussi à celles qui viendront avec la maturité de la communauté.

- Qui va composer cette communauté ? (Chaque groupe présente des avantages et des inconvénients.)

  - o Adopteurs précoces
  - o Réseau informel
  - o Membres de communautés existantes

- Communauté publique ou privée ?

- Comment faire connaître cette communauté et « attirer » des collègues ? Cela renvoie également à la question précédente.

- Comment gérer cette communauté ?

  - o Mise en place d'une charte
  - o Gérer la participation
  - o Les documents et production à partager

Cette liste est loin d'être exhaustive, mais elle devrait vous aider à prendre une décision, voire servir de mode d'emploi à vos collaborateurs avant qu'ils ne viennent vous voir pour ouvrir une communauté (il est louable de vouloir créer une communauté, cependant le but n'est pas d'en ouvrir en quantité mais de faire vivre celles qui existent déjà).

78

Communauté publique, secrète ou privée ?

Généralement, les RSE permettent de créer trois types de communautés : publiques, privées ou secrètes. Les communautés publiques sont ouvertes à tous les membres du réseau, qui peuvent donc y participer, ou au moins lire les contenus qui y sont produits. Les communautés privées ne sont accessibles qu'après validation d'une inscription par le community manager. Un collaborateur non membre de la communauté ne pourra lire qu'un descriptif de la communauté, mais ne pourra pas accéder à son contenu. Enfin, les communautés secrètes ne sont visibles que de leurs membres. Les collaborateurs sur le RSE ignorent leur existence, puisqu'elles ne sont répertoriées nulle part.

Il est intéressant de voir que les gens reprennent naturellement leurs anciennes habitudes. Le RSE se veut un moyen de décloisonner l'entreprise ; or, si on laisse faire les gens, on constate très vite leur tentation de recréer les silos. Par défaut, les collaborateurs vont créer des communautés privées (on retrouve « l'effet cantine »). Dans ce cas, l'installation d'un RSE ne sert à rien, mieux valait continuer avec des communautés isolées. En effet, si un collaborateur arrivait sur le réseau, sa soif de découverte et sa curiosité se heurteraient à « des portes » fermées. Au final, il n'aurait rien à découvrir, il lui serait impossible de profiter d'un réseau d'experts de manière dynamique (non pas déclaratif, mais bien en fonction des publications) puisque, tout étant privé et cloisonné, aucune publication ne serait accessible et le moteur de recherche ne ferait rien remonter.

Il ne s'agit pas de dire qu'il ne faut pas de communauté privée, mais celles-ci ne devraient pas se généraliser. D'ailleurs, certaines communautés peuvent être composées d'une communauté publique faisant office de « vitrine », et d'une partie privée en « coulisses ». Par exemple, si vous êtes dans la communication et que vous préparez une nouvelle campagne, vous pourrez la préparer dans la partie privée et utiliser la partie publique pour la divulguer, amener vos collègues à réagir, voter et vous faire part de leurs remarques. Ainsi, créer deux communautés, une publique et une privée, pour un même projet, n'est pas impossible : elles auront juste deux objectifs différents.

Les communautés secrètes revêtent toujours un côté « pour vivre heureux, vivons cachés ». Pourquoi pas ? Cela mérite réflexion. Après tout, la publicité n'est pas une obligation. Un comité de direction (Codir) par exemple peut souhaiter travailler sur le RSE : la tendance naturelle sera alors d'en faire une communauté privée, pour que nul ne soit tenté de demander à y rentrer. Mais avouez qu'il y a tout de même peu de chances : les collaborateurs ne sont pas stupides et savent s'ils font partie du Codir ou non. Par contre, mettre en place une communauté privée Codir permet de montrer l'exemple au reste des collaborateurs et d'inciter les autres à s'investir aussi au sein du RSE. De plus, cela peut changer l'image du Codir, qui montre qu'il a compris l'intérêt d'un tel outil et va dans le même sens que l'ensemble des collaborateurs.

Pour conclure, il n'y a pas vraiment de règle, mais un équilibre entre communautés publiques et communautés privées est nécessaire si vous voulez remettre en question les silos et profiter de l'effet réseau.

79

Pourquoi donner une identité au RSE ?

Le RSE doit être personnalisé. Il répond à d'autres règles, à d'autres usages et nécessite d'adopter des comportements différents de la majeure partie des outils du SI. De ce fait, afin de bien souligner ce changement de ton, de nombreuses entreprises choisissent une charte graphique radicalement différente, et la communication autour du RSE sera aussi largement différenciée sur le fond comme sur la forme.

Il s'agit de créer un lieu qui donne envie de participer, et bien souvent, afin de mettre en avant ce côté participatif, le nom est aussi choisi en conséquence, avec un logo spécifique. Ne négligez pas cet aspect, c'est votre première signature, et il est ensuite très difficile de revenir dessus. Le RSE ne se limite pas à la plate-forme collaborative. S'il correspond à un vrai projet collaboratif, il est important de pouvoir distinguer les deux, à savoir ce qui se passe sur la plate-forme et ce qui ce passe en dehors.

De même, chaque communauté au sein du RSE va avoir son identité propre, liée à la personnalité du community manager ainsi qu'à celles de ses membres. C'est cette personnalisation qui va permettre de renforcer :

- Les valeurs partagées par les membres ;

- La conscience de ces valeurs partagées, donc la raison d'être de la communauté et, logiquement, leur sentiment d'appartenance à cette communauté ;

- Des règles propres à la communauté, au-delà de la charte. Qu'elles soient formalisées par les membres (et dans ce cas, le fait de les construire avec l'ensemble des membres constitue un vrai plus) ou informelles, elles existent à travers les pratiques ;

- Le développement des rites et un langage commun aux membres de la communauté.

80

Pourquoi ça marche chez mon voisin et pas chez moi ?

Le facteur humain et la culture de l'entreprise sont les clés de la réussite de ce type de projet. S'il existe quelques bonnes pratiques et un certain nombre de freins, c'est bien l'ADN de votre organisation qui déterminera le résultat.

Il existe des organisations où il est impossible de remettre en question les silos, le RSE ne faisant que les reproduire et ne pouvant donc remplir son rôle d'aide au décloisonnement. L'idée de contrôle est omniprésente, et l'obligation de modération des publications est totalement intégrée. Peut-on dans ce cas modérer une conversation entre deux individus ? Pas vraiment, si ce n'est par une suite de platitudes qui ne débouche sur rien. Les échanges seraient alors inexistants, les collaborateurs ne perdant pas leur temps ainsi. Si la remise en question de la hiérarchie n'est pas possible dans un échange, il n'en sortira rien. Cela a été observé chez Toyota par exemple, où le manager, dans les cercles de qualité, était tenu de s'exprimer le dernier pour éviter de clore le débat dès le début, la hiérarchie ne pouvant être contredite dans la culture nipponne.

La confiance est l'une des bases du fonctionnement d'un réseau social. Bien souvent, les collaborateurs ont plus à perdre à se dévoiler qu'à rester dans un rôle d'exécution pur et simple. Seule la confiance peut faire évoluer cette situation. Si le management règne par la peur et l'autoritarisme, l'entreprise a beau avoir le meilleur outil possible et un accompagnement à la conduite du changement totalement efficace, cela ne fonctionnera jamais.

Pour résumer, si la philosophie qui imprègne la mise en place d'un réseau social ne se ressent pas au niveau de votre entreprise, vous n'aboutirez jamais à rien. On ne force pas les gens à collaborer.

Animer votre RSE

81

Outillez vos community managers

Le rôle de community manager est primordial, mais animer n'est pas inné pour la majorité des managers ou collaborateurs. Les community managers vont avoir besoin de soutien pour y parvenir. Il existe des techniques qui peuvent aider à s'approprier ce rôle, et une boîte à outils résumant les techniques d'animation de communauté aura un effet rassurant (dans le cas d'une formation, un document de référence est toujours utile). Que peut-on trouver dans cette boîte ? Tout d'abord, précisons qu'elle doit se suffire à elle-même (une explication orale n'est pas nécessaire). Même si l'entreprise a mis en place des sessions d'accompagnement, ce kit doit commencer par les bases et considérer que l'animateur – c'est essentiellement lui qui l'utilisera – part de zéro. Un rappel des buts et usages qu'il va pouvoir développer à travers le RSE est une bonne introduction. De même, le RSE étant au service de l'entreprise, un rappel de la stratégie de celle-ci, sur laquelle seront alignées les communautés, peut être nécessaire. Enfin, la question de la gouvernance doit aussi être abordée puisque les animateurs en sont un des rouages. Avoir une vision d'ensemble du processus de gouvernance est obligatoire.

Une fois faite cette introduction, un peu longue mais nécessaire, sur le rôle et la mission attribués à un community manager (accueil des membres, animation, communication…), le kit devra développer une check-list des tâches qu'il aura à réaliser pour se lancer, animer une communauté comme un pilote. Celle-ci leur permettra de ne rien oublier : identification des principaux membres de la communauté, but de la communauté, contenus éventuels attendus… (cette liste de questions peut être rapprochée de celle décrite pour l'ouverture de communautés).

Il est important de bien préparer le lancement d'un RSE, pour éviter l'effet restaurant vide. Si vous arrivez devant un restaurant vide, vous n'avez pas vraiment envie de rentrer ; il en va de même pour une communauté : s'il n'y a pas un minimum de documents, de conversations déjà initiées… vos membres ne vont sans doute pas revenir.

Ensuite, il convient de constituer un recueil des meilleures pratiques (et des « risques » qui existent) : des conseils et exemples pour animer la communauté au quotidien en fonction du type de communauté (utilisation de sondages, questions pour déclencher des réactions…). De plus, les communautés ont un but qui doit pouvoir être évalué, donc un rappel sur ce que l'animateur sera amené à évaluer est aussi nécessaire. C'est en connaissant d'avance son objectif et les éléments d'évaluation qu'un animateur peut mener une évaluation.

Enfin, puisque « c'est en forgeant qu'on devient forgeron », il faut ouvrir une communauté d'animateurs où ceux-ci vont pouvoir échanger sur leurs pratiques d'animation, s'habituer à l'outil… Il n'y a pas mieux pour apprendre à connaître un RSE que de le pratiquer *in vivo*.

82

Ne pas oublier vos membres

Les community managers sont importants, mais le RSE s'adresse avant tout à l'ensemble des collaborateurs : les community managers sont donc aussi à leur service. Certains des collaborateurs étant extrêmement éloignés de ce type de dispositif, il s'agit de les « prendre par la main », que ce soit sur le réseau, ou en dehors. Bien sûr, la taille de l'entreprise et le nombre de collaborateurs vont avoir un impact sur ce dispositif d'accompagnement.

Ne pas penser seulement à l'outil, c'est l'humain qui prime : il faut donc organiser des événements de type petits déjeuners, pots... pour présenter le projet et sa philosophie. C'est l'occasion de faire une démonstration de la plate-forme de RSE et de ses bases de fonctionnement. Un mini guide de connexion avec des copies écran peut être utile pour aider les collaborateurs à se connecter facilement. En effet, les entreprises se contentent souvent d'une campagne d'e-mailing avec un lien vers le RSE, à l'issue de laquelle les gens restent bloqués sur la page de connexion en ne sachant pas quoi faire, quand ils n'ont pas été inscrits d'office, ce qui fait que la fois d'après, ils ne parviennent pas à se connecter.

De même, sans aller jusqu'à la boîte à outils évoquée juste avant, quelques fiches de prise en main pour vos collaborateurs sont nécessaires. Surtout, elles doivent être accessibles facilement (on y reviendra dans le point suivant, sur la première connexion). Il est important de remplir son profil utilisateur. Pour cela, il faut disposer d'un exemple, afin de comprendre, de « s'inspirer » : une fiche explicative aidera très certainement vos collègues. Ces fiches vont être fonction de l'orientation que l'on souhaite donner à son RSE et des usages qui vont se développer. Elles seront amenées à évoluer dans le temps en fonction de l'évolution des usages, par exemple le microblogging, qui nécessite une fiche expliquant le pourquoi et les bonnes pratiques à mettre en place.

Le RSE étant orienté sur le document, la conversation, la capitalisation, il faut donner aux membres les fiches dont ils ont besoin, mais ne pas non plus en produire trop, sinon ils ne les liront pas. Pour optimiser l'usage de ces fiches, faites-les évoluer en fonction des retours, en vous appuyant sur les remarques.

83

La première connexion

La première connexion est primordiale. Comme lors d'une rencontre, c'est la première impression qui fait toute la différence : la simplicité de la prise en main, la logique de fonctionnement du RSE... Le plus simple est de prévoir, si possible, un parcours de première connexion. Une fois que la personne s'est connectée, elle ne repassera plus jamais par ce sas, mais ce parcours de passage aura été utile, pour vous comme pour elle.

Une charte liée aux usages de votre RSE a été rédigée. Vous pouvez l'envoyer par e-mail avec le lien de connexion, mais quelle certitude avez-vous que votre collaborateur la lira ou l'acceptera ? La solution est de l'obliger à lire et valider cette charte sur un écran avant de pouvoir passer à l'écran suivant, comme pour l'installation d'une nouvelle application sur un ordinateur. Les choses n'en seront que plus faciles par la suite en cas de problème de comportement des collaborateurs.

Dans une entreprise internationale, la question de la langue de l'interface va se poser (on ne parle pas ici de la production de contenus). Le choix de la langue est important, il fait partie du profil à compléter, un des fondamentaux du RSE. Il faut inciter le collaborateur à compléter un certain nombre de champs et à mettre une photo lors de la première connexion, d'autant que les gens ne reviennent pas facilement sur leur profil par la suite. Attention aux champs obligatoires au regard du respect de la vie privée et des données personnelles : vous ne pouvez pas imposer à votre collaborateur de remplir certains champs qui comportent des informations personnelles pour passer à la page suivante, y compris pour la photo[89].

Bien souvent, par défaut, les collaborateurs sont inscrits sur la plate-forme et dépendent d'une communauté. Pour les inciter à s'inscrire à d'autres, on peut leur présenter une page décrivant un panel de communautés, ce qui pourra simplifier l'interactivité par la suite et favoriser la connaissance d'autres membres sur la plate-forme, au-delà du cercle de proches.

Enfin, une page d'accueil peut leur indiquer les principales informations qui les concernent en tant que nouveaux venus (guide de première connexion pour la fois suivante, fiches explicatives, personnes à contacter en cas de problème ou pour une assistance...). S'ils sont déjà liés à une communauté, ils vont enfin pouvoir parvenir à les résoudre.

La solution de RSE ne permet pas toujours de mettre en place ce parcours. Mais quasiment tous les RSE offrent la possibilité de mettre un édito ou un message d'accueil : utilisez-les pour orienter vos premiers utilisateurs dans la bonne direction. Vous ferez évoluer ces messages avec la montée en puissance et le développement de votre RSE.

89 - Loi n° 78-17 du 6 janvier 1978 (Informatique et Libertés).

84

Cycle de vie des membres au sein d'une communauté

On parle bien du cycle de vie des membres de votre communauté. L'ensemble des membres n'aura pas le même investissement dans le temps que va durer celle-ci. Il y a même de grandes chances que, sur une longue période, son animateur change, parce qu'il en a fait le choix ou parce qu'il est amené à participer à d'autres expériences au sein de l'entreprise.

Cette communauté existe depuis un certain temps et fonctionne en vitesse de croisière. Évidemment, le cycle de vie des membres de la communauté dépend de la vitalité de celle-ci. Une communauté qui ne serait pas dynamique ne connaîtrait pas ce cycle, car elle n'aurait pas de vie propre. Tout d'abord, les membres vont se comporter comme des visiteurs - d'autant plus si c'est une communauté publique -, le temps de prendre leurs marques. C'est un temps d'observation. Ce premier état passé, ils vont s'intégrer petit à petit à la communauté. Cela prendra plus ou moins de temps, en fonction de l'âge et la vitalité de la communauté (il est toujours plus compliqué de s'intégrer à un groupe existant où les liens et interactions sont forts). Ensuite, ils vont devenir des participants réguliers, par leurs lectures, commentaires, votes et, espérons, par la publication de contenus originaux. En fonction de cet investissement, le community manager va leur confier de plus en plus de responsabilités dans l'animation de la communauté. Ces responsabilités peuvent aller jusqu'à un rôle officiel, voire au remplacement du community manager. En effet, comme toute personne qui s'investit beaucoup, ce dernier va finir par prendre du recul, son investissement sera moindre et son rôle deviendra secondaire. Mais il sera toujours membre du RSE, fera partie des ambassadeurs de sa communauté et assurera la promotion du RSE dans l'entreprise. S'il s'est autant investi dans ce projet, c'est qu'il y croit et que cela lui a apporté quelque chose. Il va donc partager cela avec ses pairs.

Tous les membres ne vont pas devenir des animateurs, mais si une communauté fonctionne, l'activité sera croissante, l'ensemble des membres connaîtra ce cycle, et si des membres quittent la communauté ou s'y investissent moins, d'autres compenseront cette désaffection et entameront un nouveau cycle.

85

Pourquoi remplir son profil sur le RSE

Les RSE étant bâtis autour du conversationnel et du relationnel, le rapport aux autres est primordial. Même si l'entreprise est un lieu de processus et de rationalité, les rapports humains reposent sur de l'émotionnel et influencent les prises de décision. Pouvoir collaborer c'est bien, mais le vouloir est encore plus efficace.

On converse plus facilement avec quelqu'un lorsqu'on partage des choses qu'avec un inconnu. Au sein d'un LDAP ou d'un active directory (AD[90]), on a un nom et une fonction, mais cela n'est pas suffisant pour « créer du lien ». Le fait de mettre une photo permet déjà une première approche. Une photo à la plage serait un peu déplacée dans un monde corporate (à moins de vouloir clairement manifester son refus du cadre imposé, ce qui est un signal fort envoyé à ses collaborateurs), mais une photo trop sérieuse ne va pas non plus donner envie de mieux vous connaître. Le choix d'une bonne photo est un acte important : un équilibre est à trouver entre sérieux et détendu.

Mais la photo n'est pas la seule façon de créer du lien. Une langue rare, une passion peu répandue

90 - Voir la question 60 sur le RSE et le système d'information de l'entreprise.

peut rapprocher de collègues qui partagent ces « signes particuliers », de même que le parcours scolaire ou les *alumni*[91] peuvent conduire à se rapprocher d'anciennes connaissances. De fait, en sélectionnant les informations qu'ils vont diffuser, notamment sous forme de tag ou mot clé, ils font le choix d'éclairer une partie de leur vie qu'ils souhaitent mettre en avant. Un hobby, une expertise extérieure à leur fiche de poste peuvent se révéler utiles pour créer un pont avec des collègues. C'est d'ailleurs ainsi que commencent à se créer une identité numérique et une e-reputation. Remplir sa fiche profil sur le RSE n'est pas un acte anodin et peut même prendre un peu de temps si vous faites bien les choses, pour « vous mettre en avant » mais aussi rendre l'outil efficace pour vos collègues quand ils chercheront une expertise, ce qui contribuera à accroître les interactions sur le RSE.

Selon votre poste, vous allez mettre des projets réalisés, des clients en avant, et permettre ainsi à vos collègues de vous contacter comme personne ressource lorsqu'ils auront des projets similaires à monter avec des clients pour profiter de votre expérience. Si chacun joue le jeu, c'est le début d'un véritable vivier de connaissances et de ressources, les fondements d'une intelligence collective accessible à tous, dépassant silos et hiérarchie.

91 - Anciens élèves d'une même école ou université.

86

Activité et animation d'une communauté

Il faut penser à l'animation d'une communauté en gardant deux choses à l'esprit : premièrement, ne pas s'arrêter à une simple action sans lendemain, les actions doivent être menées dans le temps, au moins sur un moyen terme. Deuxièmement, ne pas penser uniquement à travers la plate-forme de réseau social de l'entreprise, même si celui-ci est central ; les communautés font partie d'un tout, d'un écosystème plus large que l'outil lui-même, qui n'est qu'un support. Il faut organiser des activités en dehors du RSE.

Quand on propose une action, on doit savoir quoi en attendre, elle doit être liée à un but plus large et répondre à un objectif précis, par exemple la mise en place d'un sondage. Il faut prendre en considération l'avis de la communauté pour prendre une décision ou déclencher une action au sein du RSE, tout autant dans les activités quotidiennes que dans l'entreprise. Quand on partage une information, elle doit donner lieu à un échange ou nourrir la réflexion autour d'un contenu.

Surtout, l'activité d'animation doit être un pont entre l'entreprise de tous les jours et le RSE. Avoir une discussion en ligne, c'est un début, mais organiser des réunions physiques régulières autour d'études de cas, avec l'intervention d'une personne externe à la communauté (client, prospect, expert...), voilà le véritable apport. Le RSE permet de préparer l'ordre du jour, peut-être de commencer à traiter certains points de la réunion, et il permet aux absents le jour J de donner leur vision. Après la réunion, une synthèse des principaux points va pouvoir être partagée, un compte rendu de l'intervention de l'invité publié, et le débat qui n'aura pas connu de conclusion pendant la réunion poursuivi. Par ailleurs, l'organisation annuelle d'une réunion physique de l'ensemble de la communauté est nécessaire pour mieux se connaître, échanger et renforcer les liens. Si cette réunion peut se faire à un niveau intercommunautaire, elle sera d'autant plus féconde pour l'animateur, ses membres, et l'entreprise en général.

Le partage de manière asynchrone sur le RSE est un plus, mais le synchrone peut aussi permettre des échanges plus riches. La mise en place de webinars[92] d'une heure ou deux chaque mois va rendre plus vivante la parole d'un expert, permettre un retour d'expérience et faciliter un temps de questions-réponses.

En définitive, quelles que soient les actions envisagées, pour permettre la mise en place d'une dynamique de groupe, laissez parler l'imagination et déléguez, mais surtout, veillez à équilibrer le plus possible les actions sur le RSE et les actions en présentiel, qui sont complémentaires.

92 - C'est une conférence en ligne qui permet à chacun de suivre une présentation à distance de manière synchrone. C'est la contraction des mots « Web » et « *seminars* ».

87

Communiquer vers les managers

Le management va voir la mise en place du RSE comme une menace : il y aura un fort travail de communication à faire dans sa direction pour l'emmener dans ce projet. Dans un premier temps il faut sensibiliser, grâce au *storytelling* par exemple, un puissant moyen pour convaincre, doublé d'une stratégie de *benchmarking*, un premier pas vers l'adhésion. Il faut aussi savoir faire preuve de pragmatisme et montrer la valeur ajoutée d'un tel projet, avec des exemples concrets, en fonction des propres enjeux du management. Définir des objectifs opérationnels proches des processus business qu'il maîtrise l'aidera à se projeter et surtout à réaliser ces objectifs avec un moindre effort. De plus, grâce à son expertise, il pourra suivre de plus près ce qui fonctionne ou pas, et réaligner sur ces processus qu'il maîtrise.

Si les managers sont convaincus, ils vont s'investir pour faciliter la mise en place du RSE et prendre des responsabilités dans son déploiement.

Yvan Michel distingue quatre rôles possibles pour eux dans le cadre d'une organisation 2.0[93] :

1. Le guide qui montre la voie à ses collaborateurs, les emmène vers l'objectif fixé et leur permet de l'atteindre.

2. L'accompagnateur qui escorte ses collaborateurs dans ses tâches, surtout celles qui posent problème. Cette démarche rassure et permet aux collaborateurs d'affronter les difficultés.

3. Le facilitateur qui régule les tensions au sein de son équipe et permet le développement de la confiance, base du collaboratif.

4. L'animateur de communauté qui va insuffler la dynamique de groupe et favoriser l'implication de chacun.

93 - Michel Yvan, *L'entreprise 2.0. Comment évaluer son niveau de maturité ?*, Paris, Afnor Éditions, p. 94.

88

Communiquer vers vos collaborateurs

Il est important de mobiliser les managers, mais le RSE va vivre grâce aux employés de l'entreprise, qu'il faut donc également convaincre d'y participer. Mais vous n'avez aucun intérêt à les obliger à collaborer, car vous n'obtiendriez alors qu'un échange d'information, au mieux, mais en aucun cas le développement d'intelligence collaborative. Vous devez donc communiquer vers vos collaborateurs sans leur forcer la main.

Tout comme pour les managers, il faut d'abord leur présenter les objectifs du RSE et les bénéfices attendus, puis présenter et établir clairement les règles de fonctionnement et la philosophie qui résulte de ce type d'outil et des processus collaboratifs qui en découlent.

Au-delà de ce discours rationnel, rien ne vous empêche d'avoir recours aux moyens classiques de communication. Suscitez leur intérêt et leur curiosité avec la mise en place d'un *teasing* lié à un compte à rebours. Des vidéos, des cartes postales et autres formes de *goodies* peuvent aussi aider à les mobiliser. En fait, cette communication, qui doit tout de même être ciblée, ne connaît pas de limites, hormis celles liées aux ressources financières et à l'imagination. Mais elle doit autant que possible être différenciée selon les cibles.

Rien ne vous empêche de lancer un challenge en lien avec l'ouverture du RSE visant à accroître le taux de participation et d'interactivité, mais vous pouvez aussi plus simplement utiliser l'intranet, les newsletters, le journal interne, la Web TV de l'entreprise, etc.

89

De l'importance de la journée de lancement pour les community managers

Il faut distinguer deux types de journées de lancement : une générale, pour toute l'entreprise, et une pour le noyau dur du RSE (sponsors, animateurs, membres de la gouvernance, ambassadeurs, membres actifs déjà investis), dont le contenu différera selon le moment où elle se tiendra. Mais quel que soit le moment choisi, le but de cette rencontre est de montrer la face humaine du projet, faire connaître les gens qui travaillent dessus (les animateurs sortent alors de leur solitude d'animateur), pour créer du lien, renforcer le sentiment d'appartenance et d'équipe. Cela nécessitera de longues pauses, afin que la discussion s'enclenche, que les gens apprennent à se connaître, partagent. Des moments de convivialité (déjeuner, dîner...), et non de « travail », sont également importants. Ils feront toute la différence par la suite. D'ailleurs, généralement, la communauté des animateurs devient beaucoup plus dynamique après cette journée.

Cette journée doit se tenir très en amont de l'ouverture du RSE, intervenir plutôt dans un moment de sensibilisation et de prise de connaissance des membres entre eux. Il faut donc présenter la gouvernance et les attentes vis-à-vis de chacun. Un intervenant extérieur pourra venir témoigner sur son propre RSE, expliquer comment il l'a monté, étape par étape, afin que les « membres premium » puissent identifier par où ils vont passer. De petits ateliers complémentaires pourront être organisés afin que chacun puisse prendre en main la plate-forme (cela sous-entend que des collaborateurs de l'entreprise, ou les consultants qui vous accompagnent, maîtrisent déjà un minimum l'outil) et s'inscrire directement pour pouvoir se connecter sur le RSE dès le lendemain. Cela sera aussi l'occasion de présenter le kit d'animation et de répondre aux principales interrogations.

L'autre possibilité est de réunir les « membres premium » ultérieurement. En effet, ils ont déjà bien avancé (outre le discours du sponsor qui va revenir sur le travail déjà accompli, chaque animateur va pouvoir exposer son travail et présenter sa communauté), et s'ils ont travaillé sur leur communauté, ils n'ont sans doute pas encore eu le temps d'aller voir ce que faisaient les autres (surtout si les communautés sont privées et que cela nécessite une demande d'inscription). En atelier, ils vont donc partager les pratiques qui ont commencé à se développer et, si c'est nécessaire, revenir sur un ou deux points de maîtrise de la plate-forme, comme cela a été fait sur la communauté des animateurs. Là encore, un intervenant extérieur peut intervenir, mais plutôt sur les résultats de son RSE, afin que les membres puissent voir comment les communautés ont évolué et atteint les objectifs fixés.

Enfin, on pourra faire un point sur ce qu'il reste à faire et sur les dernières étapes à parcourir avant l'ouverture générale. Mais ne perdez pas de vue que cette journée doit avant tout être un moment de convivialité.

90

Une formation est-elle nécessaire, comme pour un projet SI ?

Les formations pour les projets SI ont donné leurs lettres de noblesse aux conduites du changement, et ont surtout nourri des armées de consultants dans les années 1990, notamment avec les grands projets d'ERP. Il a fallu former à la chaîne des milliers de salariés, pendant de longues heures. Pour les RSE, une formation minimum est nécessaire, mais pas comparable aux formations proposées pour les projets traditionnels SI.

Beaucoup de consultants développent un discours sur la prédominance de l'intuition dans la majorité des solutions de RSE ; comme pour Facebook ou LinkedIn, personne n'aurait besoin de formation pour s'en servir. Or, s'il est vrai que les plates-formes de RSE sont de plus en plus intuitives, une formation est toujours nécessaire pour une partie des collaborateurs. Mais c'est une formation légère : les bases du RSE sont assimilées en deux heures et la maîtrise s'ensuit avec la pratique. Les premiers community managers sont tout de même formés, ainsi que l'instance de gouvernance, car ils serviront de support aux utilisateurs du RSE. En effet, les consultants, ou toute personne accompagnant le projet, opèrent une mini formation en direction de ce public spécifique, présentée sous forme de coaching. C'est tout de même une formation qui ne dit pas vraiment son nom. Ensuite, une formation/ accompagnement va essentiellement porter sur les usages, la philosophie et la manière d'animer les communautés, sans être centrée sur l'outil (on est dans un processus d'accompagnement). Elle ne concerne qu'une petite partie de la population du RSE, mais si elle faisait défaut, le projet serait un échec. C'est un dispositif léger qui répond aux préoccupations des grandes entreprises aux populations dispersées qui ne peuvent pas élaborer de programmes de formation.

91

Créer du lien

Créer du lien est extrêmement important, d'autant plus si la communauté est grande, car les gens ont alors moins de chances de faire connaissance. Bien sûr, l'animateur incite les gens à compléter leur profil pour qu'ils se connaissent mieux, notamment en montrant l'exemple, mais ce n'est pas suffisant pour générer ce lien, surtout pour les membres récemment arrivés au sein d'une communauté. Aussi, il faut si possible prendre le temps, via un e-mail, par conférence téléphonique, ou de visu (selon la taille et le format de la communauté) de leur présenter la communauté et ses buts, ainsi que les principales fonctionnalités du RSE, de sorte qu'aucune difficulté ne puisse faire obstacle et les détourner de l'interaction avec les autres membres.

Une fois passée cette phase introductive, créer du lien consiste aussi à indiquer aux membres quels autres membres partagent les mêmes centres d'intérêt ou d'expertise... Quand une question est posée ou qu'un thème est abordé, il ne faut pas hésiter à demander à ceux qui sont susceptibles de répondre de bien vouloir contribuer.

De même, si vous entendez dire, dans une discussion de couloir ou devant la machine à café, que des membres ont des problèmes ou des questions mais qu'ils n'osent pas les aborder dans la communauté, invitez-les à publier leurs interrogations afin que chacun puisse apporter sa contribution. La plupart des problèmes rencontrés sont partagés par bon nombre d'utilisateurs. Là encore, au-delà des résolutions qui vont découler, savoir que l'on n'est pas seul à affronter des interrogations permet de créer du lien.

Votre communauté est nombreuse, ce qui peut être efficace pour converser, mais beaucoup moins pour coproduire : créez des sous-groupes numériquement moins importants pour ce type de travail. Une fois de plus, travailler en petit comité permet de renforcer les liens. Si vous pouvez faire en sorte que les mêmes personnes ne se retrouvent pas dans les différents groupes de travail, les liens vont se multiplier et surtout, les gens vont prendre l'habitude de s'ouvrir aux autres.

92

Gérer les conversations

Depuis des années, les collaborateurs ont l'habitude de ranger des fichiers, de poster des documents, mais finalement, ils ont assez peu l'habitude de converser par l'intermédiaire du système d'information, ce qui est la base des RSE. Le but est bien de déclencher cet automatisme de la conversation.

Quand on regarde les publications sur les RSE, on constate, notamment, que les sondages provoquent une participation importante, des réactions, des commentaires, et pourtant ils sont assez peu utilisés. On trouve davantage de notes et d'articles, plutôt chronophages pour les community managers, alors qu'ils ne génèrent pas tant de réactions que cela. Sans doute une question de mise en scène : un même article, qui se terminerait sous forme interrogative (« Et vous, qu'en pensez-vous ? »), générerait sans doute plus de réactions. Sans tomber dans l'excès, pensez à demander l'avis de vos membres.

De même, accompagner d'une question le partage d'un lien ou d'une vidéo est simple, rapide (en tout cas plus que de rédiger un article) et efficace, bien qu'assez peu utilisé, comme si le monde de l'Internet, pourtant un lieu où cette pratique est courante, ne pénétrait pas à l'intérieur de l'entreprise.

Au-delà des moyens, il y a aussi des moments. Quand vous savez que votre communauté est débordée par des projets d'entreprise, ne perdez pas votre temps (et ne lui faites pas perdre le sien) à essayer de susciter des réactions. Contentez-vous de diffuser de l'information pour garder le lien. En revanche, peu de temps après le lancement d'une communauté, lorsque l'attrait de la nouveauté décroît, il faut multiplier les contributions et solliciter vos membres afin de conserver leur niveau d'attention.

Cependant, ne restez pas sur le mode réactif en vous limitant à poser des questions. Si vous voulez que votre communauté vive et prenne de la maturité, proposez des thèmes de réflexion, voire de débats, qui vont permettre de mener des échanges sur un pius long terme. Il faut donner à vos membres l'habitude de converser afin que cela devienne aussi naturel que de publier un document. C'est en cela que les communautés non orientées business ont aussi leur intérêt. En permettant à leurs membres de discuter sur des sujets sans qu'il y ait nécessairement des enjeux, elles se prêtent plus à la conversation et provoquent l'accoutumance des collaborateurs à ce type de démarche.

93

Promouvoir les membres et le travail accompli

La mise en place d'un RSE bouscule un certain nombre d'habitudes dans l'entreprise. La participation des collaborateurs est importante. La première des choses est de remercier les membres, surtout les plus actifs, pour leur implication au sein du réseau et leur participation aux discussions, et aux échanges en général. Le community manager est au service des membres de sa communauté, mais s'il sollicite l'intervention d'un membre et que celui-ci poste un lien ou lance une discussion, il se doit de participer et de le remercier. Bien sûr, point trop n'en faut, le tout est de trouver le bon dosage. De plus, dans un souci de transparence, le community manager ne doit pas hésiter à citer les membres actifs de sa communauté quand il communique sur les participations, et à insister sur la paternité des apports pour les contributions les plus importantes qui sont mises en valeur.

Il est tout aussi important de communiquer en interne sur les apports du RSE et les gains pour l'entreprise. Cette communication va porter sur les résultats, autant que sur les processus et usages qui ont été mis en place dans le RSE (mettre en avant, par exemple, les gains par rapport à une collaboration qui se faisait auparavant par mail), et, plus largement, sur les premiers succès (un accès plus rapide à l'information, une recherche facilitée des bonnes personnes, une meilleure gestion des connaissances, un contenu réalisé de manière optimale, etc.). Cela pourra se faire de manière quantitative, à travers des chiffres sur l'adhésion des collaborateurs et leur investissement sur le RSE, mais aussi de manière qualitative à travers des histoires qui montrent ce que leur a apporté le RSE.

94

Mesurer le travail accompli

Généralement, une entreprise va vouloir mesurer le travail accompli par les communautés, et ce pour deux raisons. Bien sûr, elle veut essayer d'évaluer les gains apportés par la mise en place de son réseau social, même si la mesure du ROI a ses limites. Mais surtout, cette évaluation devrait permettre, le cas échéant, de comprendre ce qui ne fonctionne pas pour telle communauté et donc agir pour redresser la situation. Est-ce un problème d'animation, d'outil mal adapté ou peu ergonomique, une thématique mal choisie ? L'idée est bien d'évaluer les communautés afin de pouvoir intervenir par un réalignement pour certaines, un accroissement de l'accompagnement pour d'autres, ou la fermeture pure et simple.

Pour procéder à cette évaluation, il est possible de s'appuyer sur trois types d'indicateurs :

1. Le premier type est généralement fourni automatiquement par les statistiques de votre plate-forme RSE : nombre de connexions, nombre de communautés, de mises à jour, d'inscrits, de profils renseignés, de publications de contenu, d'utilisateurs totaux, d'utilisateurs actifs... En fait, ce sont des mesures de l'utilisation de l'outil par les collaborateurs. À

l'entreprise de les classer et de les mettre en relation selon ses objectifs.

2. Le deuxième type est un peu plus qualitatif puisqu'il repose sur la participation et finalement l'utilisation, avec le nombre de commentaires pertinents, l'activité des communautés, la perception par les membres et les animateurs, la participation à l'évaluation des contributions (like, vote...), sujets lancés, documents mis à disposition. Si certaines informations vont venir des animateurs, c'est plus largement sous la forme d'une enquête auprès des membres sur leur perception du RSE que l'entreprise va pouvoir recueillir ces indicateurs.

3. Le troisième et dernier indicateur repose sur l'utilité pour l'entreprise des processus collaboratifs. Retours d'expériences, diminution éventuelle du nombre d'e-mails, diminution de la duplication de l'effort, co-construction, décisions prises à la suite d'échanges sur le RSE, gains obtenus par la mise en relation ou le partage de pratiques : en somme, il s'agit d'un mélange de qualitatif (sous la forme d'histoires éventuellement) et de quantitatif (gains mesurables).

Il ne faut pas oublier que si les entreprises ne sont pas capables de mesurer intégralement les gains de cette démarche, beaucoup déclarent ressentir des gains et vouloir continuer sur un plus long terme. En outre, il ne faut pas sous-estimer le deuxième type d'indicateurs, qui montre le ressenti des collaborateurs, ce qui est extrêmement important.

95

Ce n'est jamais gagné

Le RSE est une entité vivante qui évolue en permanence. On peut commencer petit, mais il faut voir grand, ce qui ne veut pas dire que tout est planifié et que le RSE et ses membres vont se développer comme prévu.

En premier lieu, il faut garder à l'esprit que la technologie progresse constamment. Si vous avez choisi une solution en SaaS, celle-ci va connaître de nombreuses mises à jour, qui peuvent aller du simple changement de quelques fonctionnalités au changement de l'interface. Il faudra donc accompagner dans ce changement vos utilisateurs les moins agiles. Avec l'apparition de nouvelles fonctionnalités, et la montée en maturité des utilisateurs, il y aura sans doute de nouveaux usages à développer ou des usages déjà en cours à faire évoluer pour simplifier les choses, ou pour obtenir une valeur ajoutée encore supérieure.

Le périmètre du RSE va évoluer, peut-être s'ouvrir à des parties prenantes autres que les collaborateurs. Dans ce cas, il va falloir là encore communiquer vers les collaborateurs et faire évoluer leurs habitudes vers ce nouveau public. Il se peut même que vous perdiez votre sponsor, auquel cas il faudra travailler encore plus dur pour démontrer le bien-fondé d'un RSE dans votre organisation.

Si vos communautés semblent bien fonctionner, ne vous laissez pas surprendre, car la lassitude peut survenir assez rapidement et casser la dynamique de participation des membres. Le but est donc de tenter de renouveler sans cesse cette dynamique, notamment par l'accueil de nouveaux membres, qu'il faudra ensuite intégrer, ou par le remplacement de certains, qui étaient des pierres angulaires de votre dispositif mais qu'il faut faire évoluer.

De fait, il vous faudra naviguer entre plusieurs pôles, à la fois conserver vos acquis et faire preuve d'innovation entre les évolutions technologiques, les objectifs stratégiques de l'entreprise, les demandes de collègues, l'évolution des processus internes, pour éviter finalement un immobilisme rassurant.

Aller plus loin

96

Du RSE à l'entreprise étendue

Au-delà des réseaux sociaux d'entreprise, transformer une entreprise traditionnelle en une entreprise 2.0 consiste à la faire aller vers une entreprise globale, étendue. Cette entreprise repose sur les trois dimensions[94] dont nous avons parlé et que l'on retrouve à travers des usages communs, des usages collaboratifs.

Comme l'a démontré l'enquête du cabinet McKinsey déjà évoquée, plus l'implication est importante, plus les résultats[95] le sont. Ainsi, si on regarde les gains pour les collaborateurs, on constate qu'ils sont supérieurs d'environ 25 % en moyenne, tous indicateurs confondus, pour les entreprises présentes sur les trois dimensions de l'entreprise 2.0. Idem pour les clients, l'écart allant de 4 % à 24 %. Au niveau des impacts organisationnels, les mêmes remarques peuvent être faites :

- Partage d'information : 51 % contre 21 %.
- Remise en question des silos : 41 % contre 10 %.

94 - Voir la définition de l'entreprise 2.0, p. 35.

95 - Voir la partie « Gains d'un RSE pour l'organisation ».

- Transversalité de la circulation de l'information : 49 % contre 17 %.
- Autonomie dans la prise de décision : 25 % contre 5 %.
- Travail collaboratif interne et externe : 29 % contre 8 %.

Les entreprises présentes sur les trois dimensions de l'entreprise 2.0 sont celles qui profitent à plein de « l'effet » entreprise 2.0, à tous les niveaux, celui des collaborateurs, en interne, comme celui des clients et partenaires, en externe, sachant que les trois dimensions ne se contentent pas de s'additionner, elles sont supérieures à la somme des parties et donc le bénéfice est exponentiel. En appliquant pleinement ces principes de collaboration sociale, ces entreprises semblent avoir progressé beaucoup plus rapidement le long de la courbe d'apprentissage que d'autres organisations. L'intégration du 2.0 dans les activités quotidiennes est élevée, et permet un niveau supérieur de collaboration, en aidant à éliminer les obstacles organisationnels qui entravent les flux d'information.

L'entreprise doit donc se tourner vers cette entreprise étendue qui repose sur les médias sociaux et les RSE, dont les interactions vont se compléter, et permettre, par-delà l'évolution culturelle, un flux informationnel entrant et sortant permanent, produisant une valeur ajoutée pour l'entreprise.

97

RSE et SCRM

De nombreuses études, notamment celles du célèbre cabinet Gartner[96], semblent démontrer que c'est à travers le social CRM (gestion sociale de la relation client ou interactive) que l'entreprise collaborative aura le plus à gagner. Il semblait donc important de revenir sur ce point, puisqu'il n'est pas étranger à notre sujet et que nous l'avons rapidement abordé dans la partie consacrée aux usages du RSE.

Tout d'abord, revenons sur une définition du SCRM. Mark Tamis explique : « L'approche du social CRM cherche à favoriser le bouche à oreille et promouvoir l'apparition d'ambassadeurs de votre marque en s'appuyant sur les clients eux-mêmes, comme vecteurs de communication. Elle implique un changement de votre stratégie d'approche de marché et dans l'organisation interne afin d'être plus réactif, notamment en favorisant une collaboration étroite entre vous, vos clients, vos fournisseurs et partenaires afin de fournir une réponse correspondant aux attentes. Le social CRM est une étape essentielle vers une prise de conscience que la compréhension et l'anticipation des besoins et envies du client, à travers une véritable interaction

96 - http://www.gartner.com/technology/home.jsp.

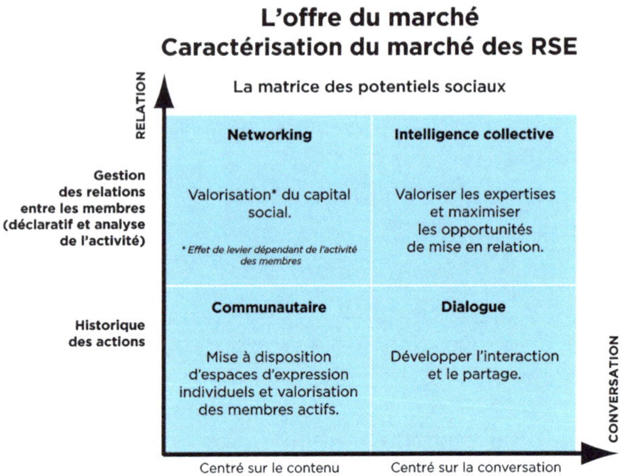

Positionnement de l'offre d'outils d'infrastructure

approfondie, peut être une source d'avantages concurrentiels[97]. »

Dans cette définition, on retrouve l'idée d'interaction, de collaboration et de changement dans l'organisation interne, changement qui passe notamment par une couche sociale en interne autour des processus clients. Cela va permettre d'améliorer l'écoute client, mais aussi d'entrer dans une démarche conversationnelle autour d'un produit ou d'un service. Cela va également permettre la coproduction ou co-innovation des productions de l'entreprise avec les clients, ce qui pose la question des attentes des clients et donc de votre capacité à les entendre, à les comprendre et à les rediriger vers la bonne personne dans l'entreprise. Cette démarche nécessite d'avoir des outils adaptés, autrement dit un RSE idéalement ouvert à ses clients et prospects, même si certains éditeurs de CRM comme Salesforce ont intégré une couche sociale à leur logiciel, Chatter, pour avoir cet effet conversationnel autour des informations du CRM.

97 - Livre blanc sur l'entreprise 2.0 : http://www.slideshare.net/poncier/livre-blanc-sur-lentreprise-20.

98

What's next ?

Pour un grand nombre d'entreprises, l'entreprise étendue, ou le social CRM - qui sont des étapes supplémentaires à votre stratégie d'entreprise 2.0 par rapport au RSE, uniquement interne -, sont des buts à atteindre dans l'avenir. Nous allons revenir dans cette conclusion sur les tendances qui se dégagent au niveau des RSE pour les années à venir (à court terme tout du moins, car, dans ce secteur, tout va assez vite).

Comme nous l'avons vu dans la question 60, le RSE doit se fondre dans le SI. Actuellement, il est souvent une couche supplémentaire au SI, ayant une entrée vers la partie annuaire de l'entreprise, mais cela s'arrête là. Cette intégration dans l'ensemble de processus et la connexion avec les autres applications du SI est le prochain grand défi que vont devoir relever les RSE pour pouvoir avoir une véritable valeur ajoutée. Les éditeurs l'ont bien compris, les petits éditeurs ont annoncé des rapprochements avec des sociétés spécialisées dans la mise en place de connecteurs, et tous ont largement communiqué sur cette stratégie de raccordement aux SI existants. Sans ces connexions, ils risquent de reproduire un nouveau silo numérique.

Quand on aborde la question de la connexion, ce lien avec les réseaux sociaux externes est aussi de plus en plus prégnant. Le flux entrant et sortant d'informations devra transiter par le RSE, mis sous contrôle pour des questions de sécurité, mais de plus en plus d'éditeurs se positionnent sur ce marché de transfert de l'information des médias sociaux externes vers le RSE interne.

La question du nomadisme est également importante. Si pendant longtemps, l'accès en mobilité était un plus, cela n'est plus une option mais une obligation avec le développement et la généralisation des smartphones et tablettes.

Enfin, la question de l'enrichissement de l'information, du croisement de cette information avec les bases de données de l'entreprise, RSE et *Business intelligence*[98], va devenir incontournable. Si on souhaite voir ses collaborateurs interagir de la manière la plus fine possible, ils doivent pouvoir réunir l'ensemble des informations liées à un contenu (émetteur originel, connaissance de ce dernier, du contexte...) afin de pouvoir mener l'action la plus efficace possible. L'ultime étape est un système de *pull*, où le collaborateur va chercher l'information nécessaire, mais aussi un système de *push*, où l'information vient du collaborateur lui-même.

Nous sommes dans un marché encore jeune, qui va connaître de nombreuses évolutions et avoir de nombreux impacts sur les différents processus de l'entreprise. Ne pas se lancer reviendrait bientôt à commettre une erreur professionnelle.

---

98 - Moyens, outils et méthodes qui permettent de collecter, consolider, modéliser et restituer les données, matérielles ou immatérielles, d'une entreprise en vue d'offrir une aide à la décision.

99

Pourquoi un réseau social en entreprise ?

Par **Frédéric CHARLES**, responsable de la stratégie et de la gouvernance à la direction des systèmes d'information de Lyonnaise des Eaux (Suez Environnement).

La Lyonnaise des Eaux s'est engagée vers l'entreprise 2.0 en 2009 sur deux niveaux :

- Côté métier et en externe dans l'ouverture du dialogue avec ses parties prenantes dans le domaine de l'eau (collectivité locales, consommateurs, citoyens...), à travers la démarche « Idées neuves sur l'eau » et notamment une plate-forme de dialogue citoyen (www.ideesneuvessurleau.net) ;

- Côté SI et en interne avec la mise en place d'une stratégie visant à refondre la gestion documentaire de l'entreprise (LIO.doc) et développer des services de collaboration, dont la mise en place d'une plate-forme de réseau social basée sur BlueKiwi (LIO.plaza).

Dès le départ, le projet interne s'est positionné comme un service collaboratif d'intelligence collective disponible pour tous et à la disposition des métiers qui voulaient bénéficier de la création de communautés d'échanges transverses.

L'accent a donc été mis sur la formation des animateurs de communautés. Une démarche de mise en place a été formalisée pour aider à planifier les lancements, se poser les bonnes questions et vérifier que le minimum requis pour durer était là.

L'outil informatique n'a pas été développé en interne. Il a été pris tel quel sur le marché après une phase courte de sélection puis intégré à l'annuaire d'entreprise pour identifier et authentifier les utilisateurs. Le choix d'une plate-forme SaaS a été dicté par une stratégie : avoir la capacité à ouvrir les communautés à l'extérieur, ce qui est plus simple quand la plate-forme sécurisée est déjà sur Internet. Les animateurs de communautés étaient des salariés formés et non des community managers externes ; on imaginait alors que leur implication interne pouvait se poursuivre en implication externe.

Ainsi, parmi les quatre premières communautés, la veille concurrentielle a bénéficié de cette nouvelle plate-forme pour quitter l'e-mail, seule source d'échange avant la mise en place du réseau social. Les membres de cette communauté se comptant en nombre dans les états-majors du siège et des entreprises régionales, l'adoption de LIO.plaza en a été favorisée. Actuellement elle regroupe plus de 350 membres, elle publie quotidiennement plusieurs « billets » qui font l'objet de nombreux commentaires.

Le déploiement s'est fait par le bouche à oreille. Même si tous les salariés peuvent aller sur la plate-forme et se loguer depuis le premier jour, ils ne rejoignent la plate-forme que lorsqu'un sujet qui les concerne les y attire, car la démarche de rejoindre ou non la plate-forme et d'en accepter la charte d'utilisation est individuelle et volontaire.

Le succès des premières communautés a fait que le service souscrit, prévu initialement pour durer dix-huit mois avant que l'on décide de son avenir, a été pérennisé à son échéance, fin 2010. Il a même été ensuite dupliqué au sein du groupe GDF SUEZ pour l'animation de la filière SI (à laquelle appartient la DSI de Lyonnaise des Eaux). Les plates-formes sont jumelles mais les cas d'usage et l'animation sont spécifiques et adaptés à chaque entité.

Fin 2010 une quinzaine de communautés avaient été créées ; fin 2011 le nombre avait encore doublé. Parmi les premières, certaines sont toujours actives, mais d'autres ont eu une vie très éphémère. Il ne faut pas avoir de scrupules à stopper des initiatives qui ne décollent pas. Une communauté reste un ensemble de relations humaines qui demandent une certaine « alchimie » et ne se décrètent pas.

Au-delà de la capacité immédiate à décloisonner l'organisation, les bénéfices tangibles peuvent être constatés dans le domaine de la productivité de la collaboration :

- Le recueil d'information auprès d'un réseau de 350 personnes réparties sur tout le territoire en moins de 48 h est régulièrement utilisé.

- La capacité d'une communauté à maintenir le dialogue entre deux réunions physiques se traduit par davantage d'efficacité lors de ces réunions.

- Des idées innovantes, identifiées et partagées via le réseau social deviennent des atouts concurrentiels favorisant la conquête de nouveaux contrats. Ce seul bénéfice permet d'amortir le coût de mise en œuvre, même si le ROI n'est pas un objectif au commencement du projet.

La gouvernance du dispositif est assurée par un comité SI collaboratif transverse qui regroupe des membres des principales directions (Com, RH, DSI, Commercial, Qualité, Innovation...) et permet d'aborder des sujets transverses comme l'ouverture vers l'Internet (YouTube, Facebook...) en étudiant la complémentarité (ou la non-complémentarité) avec la plate-forme collaborative interne.

Le fait de lancer LIO.plaza (« la place du village » pour échanger) en même temps que LIO.doc a inscrit implicitement l'initiative dans une démarche globale de gestion de la connaissance (document et experts) car la gestion documentaire inclut des fonctionnalités 2.0 comme la navigation par tag.

Dans l'avenir, le dispositif sera doté d'un moteur de recherche global, qui permettra d'intégrer les communautés du réseau social et de s'ouvrir vers les plates-formes d'écoute et de participation dans les réseaux sociaux externes où Lyonnaise des Eaux est présente. Ce lien entre l'interne et l'externe, à plusieurs niveaux, sera certainement la seconde phase d'évolution de l'entreprise 2.0 qui est en germe. D'ailleurs en 2011, le pôle collaboratif est devenu le pôle collaboratif & communication pour gérer avec cohésion la présence sur Internet de Lyonnaise des Eaux et de ses sites Web.

100

Quels sont les freins au déploiement d'un RSE ?

Par **Pascale LECLERCQ**, directrice de la planification stratégique de MMA/présidente de MM@cadémie.

Un réseau social d'entreprise, une aventure « réseau-lument » humaine

Quand Anthony Poncier m'a demandé d'écrire quelques lignes pour témoigner des principaux freins à la mise en place d'un réseau social d'entreprise, après avoir très spontanément répondu « Oui, bien sûr ! », ma question a été : « Oui mais, par où commencer ? »

Chez MMA, l'aventure débute fin 2007. À cette époque, sous l'effet conjugué des évolutions technologiques, réglementaires, sociétales... nous sommes conscients que le secteur de l'assurance entame une profonde mutation. Sous l'impulsion de Christian Baudon, directeur général de MMA, Mithra Sarrafi et moi créons MM@cadémie.

La mission est claire : anticiper l'avenir en expérimentant différents scénarios. MM@cadémie a le regard en permanence tourné vers le futur pour détecter les évolutions pouvant impacter MMA. Pour en mesurer les enjeux, nous menons des expérimentations avec tous les volontaires du groupe : salariés, agents et collaborateurs d'agents sont de fait les acteurs de MM@cadémie !

Fin 2007, ce qui est appelé le « Web 2.0 » aiguise notre curiosité. Et si l'utilisation des médias sociaux permettait à notre entreprise d'être plus compétitive ?

Pour distinguer l'audace de la naïveté, nous nous dotons dès 2008 d'une plate-forme collaborative de première génération, « Le Campus MM@cadémie », pour tester ces technologies et leurs usages... en *cloud computing* !

Si l'aventure 2.0 de MMA a démarré sous un angle technologique, quatre ans plus tard, sa dimension humaine ne fait plus aucun doute !

Nous avons bien sûr été confrontés tout d'abord à la classique peur de l'inconnu ! Que n'avons-nous pas entendu ! « Facebook en entreprise... mais cela va être l'anarchie ! », « J'ai un métier moi, pas le temps de papoter ! »

Nous avons tenu bon et avons adopté la stratégie de la preuve ! Pour apprendre à collaborer, collaborons, en réel comme en virtuel !

Aujourd'hui, toujours sur la base du volontariat, Le Campus accueille plus de 3 000 membres et quelque 150 communautés : métiers, partage de bonnes pratiques, innovation...

À l'aune de cette expérience, les principaux freins que je retiendrais sont les suivants :

- Le choc de deux mondes : un monde hiérarchique, structuré en silos, et un monde plus transversal, plus ouvert, où chacun a potentiellement de bonnes idées, des connaissances à partager. Sachons écouter : « Personne ne sait tout, tout le monde sait quelque chose » !

- Le choc culturel : il faut semer et cultiver la graine de « liberté responsable » pour passer tranquillement d'un univers où les managers détiennent l'information et le pouvoir à un univers où l'information est partagée, commentée et accessible à tous. Il en va de même pour les savoirs. Les conditions du « lâcher prise » sont à créer pour favoriser l'initiative.

La confiance est la clé de voûte ! Créer un climat de confiance, favoriser la transparence, reconnaître les contributions et valoriser les succès sont autant de leviers de réussite pour développer un réseau social d'entreprise.

Oui, j'en suis convaincue, le 2.0 changera notre façon de travailler et sera source de compétitivité ! L'aventure est belle !

101

Quels sont les apports d'un RSE ?

Par **Jean-Marc Goachet**, membre du bureau de l'ARCES[99], animateur du RSE, en charge de la communication numérique et scientifique à MINES ParisTech (école des Mines de Paris).

« Votre Arces », un réseau social au service des communicants de l'enseignement supérieur

Créée en 1985, l'ARCES comprend aujourd'hui 500 adhérents représentant des universités, écoles d'ingénieurs, écoles de commerce et autres établissements de l'enseignement supérieur français. L'association rassemble la grande majorité des responsables de communication de l'enseignement supérieur et se positionne comme un lieu de ressources, de services et d'échanges professionnels pour ses membres.

L'ARCES a mis en place en juin 2010 le réseau social professionnel BlueKiwi, baptisé « Votre Arces » pour animer sa communauté d'adhérents, avec pour objectifs de permettre à nos adhérents d'accroître leur réseau interne et de communiquer entre eux plus simplement, de partager leurs informations, leurs expériences

99 - Association des responsables de communication de l'enseignement supérieur.

ou leur documentation ainsi que de fluidifier la gestion de l'association et faciliter la coordination des actions générales de formation, de colloques, d'information et de promotion.

L'étude menée nous a permis de retenir la plate-forme BlueKiwi. Conçue en mode SaaS, cette plate-forme sociale offre de nombreuses possibilités de partage, de conversation, de veille et de gestion de profil ; chaque membre peut mieux se faire connaître et mettre en valeur son savoir-faire.

Le déploiement a été rapide (2 jours) et l'éditeur a tenu à nous accompagner dans la définition de la stratégie de lancement et dans l'établissement de notre plan de gouvernance, deux points capitaux pour la réussite d'un tel projet.

Aujourd'hui, la communauté réunie en ligne s'assimile à une communauté d'intérêts, de pairs et d'experts. Les adhérents évoluent dans un univers de praticiens, en quête de contenus de qualité et de recommandations permettant d'aller à l'essentiel.

Son ouverture sur l'extérieur avec la création de communautés externes en fait l'une de ses caractéristiques majeures. Pour preuve, la communauté des professionnels du Web de l'enseignement supérieur, Webuniv, est certainement la plus active. Ce pont vers des communautés spécialisées favorise le phénomène de *crowdsourcing* et d'enrichissement des pratiques. Deux autres espaces devraient être ouverts à l'attention des journalistes et des agences de communication.

Après deux ans d'expérience, nous notons une courbe d'expérience progressive marquée par des apprentissages différents tant au niveau individuel que collectif. Au-delà de l'utilisation de l'outil, il s'agit surtout de s'approprier de nouveaux codes sociaux.

Les adhérents nous disent en tirer de nombreux bénéfices (partage d'expertises et de ressources, connaissance des autres adhérents plus large, collaboration stimulée, capital social plus développé), même si un certain nombre de freins à l'adoption subsistent, dus au changement de paradigme et à de nouveaux processus de collaboration (mail *vs* conversation, classement *vs* simple dépôt, arborescence *vs* nuage de mots-clés).

En plus de l'utilisation quotidienne, nous notons que la plate-forme offre à nos adhérents un terreau d'apprentissage de nouvelles pratiques propres aux RSE, un point perçu comme positif dans un contexte où l'avènement du social média et du Web collaboratif engendrent une nette évolution dans les pratiques de la communication.

La pérennité et la croissance de notre RSE tiendra à l'encouragement et à l'accompagnement des nouvelles pratiques, au maintien d'un objectif commun suffisamment fort justifiant l'existence de la communauté et à l'adaptation en temps voulu de sa gouvernance.

Dépôt légal : Janvier 2012
Correction/Révision : Juliette Dablanc/Valérie Lajoinie-Mériot
Mise en pages : Nord Compo
Couverture : Nord Compo